DIGITALE

L’auteur

Née à Lille en 1986, **Sarah Wagon** a toujours adoré lire et écrire. Après des études de psychologie, elle découvre la littérature Jeunes Adultes, pour laquelle elle se passionne. Elle commence alors l’écriture de sa première trilogie : *Digitale*. Elle vit aujourd’hui près de Lille avec son compagnon, ses deux chiens et ses deux chats.

À paraître :

Digitale, Livre II (2016)

SARAH WAGON

DIGITALE

Livre I

POCKET JEUNESSE
PKJ·

Loi n° 49-956 du 16 juillet 1949 sur les publications destinées à la jeunesse : août 2015.

ISBN : 978-2-266-24722-1

PROLOGUE

Quand on arrive au centre de Transfert, on est terrorisés. Des hommes en tunique blanche nous accueillent, nous poussent comme du bétail. Bientôt, le troupeau se disperse dans la cour : les filles d'un côté, les garçons de l'autre. À côté de moi, une petite sanglote. Une poupée de chiffon se balance dans sa main ; dans quelques instants, on va la lui retirer. J'ai envie de la consoler mais je ne peux pas. Cela pourrait compromettre mon avenir. Alors, je serre les dents et détourne la tête. Maman n'a cessé de me répéter que je devrais me montrer forte pendant mon année de Transfert ; sinon, ils m'implanteront un mauvais programme. C'est-à-dire un programme qui fera de moi plus tard quelqu'un de faible, d'inutile. Il y a plusieurs sortes de puces digitales, tout le monde le sait. Et tout le monde fait comme si ça lui importait peu. Moi, je trouve ça terrible : une simple puce informatique peut jouer sur votre destinée ! Si cela m'arrivait, je n'en aurais pas conscience, mais n'empêche, l'idée de devenir une simple humanoïde me terrorise. Ne plus avoir de conscience propre, n'avoir comme ultime but que de servir le Continent. Uniquement.

Ne pas même procréer. On a beau nous dire, à nous, les gosses, que devenir humanoïde est une sorte d'honneur, je n'en crois pas un mot.

Une fois que les filles et les garçons sont séparés, on nous conduit dans un couloir sombre aux parois défraîchies et on nous passe tous au scan de contrôle. Je sens le faisceau lumineux me balayer le visage, s'attardant un moment sur mes pupilles. Sur l'hologramme qui flotte devant moi apparaît mon identité digitale. Les données essentielles sont cryptées dans ma rétine ; à présent, je ne me résume plus qu'à une suite de chiffres. J'imagine aisément ce que les hommes en blanc peuvent y déchiffrer – je suis d'une telle banalité ! – mais voilà qu'une dame – visage sévère, cheveux tirés en arrière – se met à brailler :

— Jade Stone. Dix ans. Née de père docile et de mère déficiente. Risque prédominant de défaillance précoce, imagination fertile et perturbée, signes prématurés d'indiscipline.

Ah bon ? C'est donc pour ça que je suis envoyée au Transfert trois ans avant l'âge officiel ! Dire que j'ai pris ça comme un cadeau... Ma voisine, Edwilla Praz, a été désignée à neuf ans seulement. On a tous eu du respect pour elle à ce moment-là, et elle était fière comme un coq le jour où on l'a emmenée avec sa petite valise verte et sa robe à volants. Maintenant, tout s'explique : Edwilla devait présenter elle aussi des « signes de défaillance précoce »...

En réalité, je n'ai rien compris au charabia de la vieille au chignon. Mais je me sens humiliée, différente. Surtout lorsqu'un homme qui se tient à côté d'elle claironne :

— Parfait ! On a de bons résultats avec des sujets aussi jeunes.

Il se rapproche de moi et me souffle au visage :

— Tout va très bien se passer pour toi, Jade. On va t'implanter un programme solide.

Il pue et dégouline de sueur. J'ai envie de vomir.

1.

Je me réveille en sursaut, secouée de nausées. L'odeur de l'homme en blanc m'envahit toujours les narines. J'ai encore rêvé de choses troubles dont je ne devrais pas me souvenir… Prise d'angoisse, je me roule en boule. L'instant d'après, je suis plus calme. Mon programme me pilote à nouveau. Alors mes muscles se détendent, mon pouls ralentit, et je me rendors. Ça n'était qu'une affreuse réminiscence.

2.

— Tu vois ? Tu vois ça ?

Je regarde le jeune homme s'agiter nerveusement, se tordre de douleur, grimacer sous l'effet du choc. C'est dégoûtant. Je demande :

— Pourquoi fait-il ça ?

— Parce qu'il n'est plus sous contrôle. La connexion est rompue. Tu as vu ses yeux ? Ils sont pleins de larmes. Ça leur arrive souvent.

Je me penche un peu plus sur le panneau de verre, pour mieux voir. Je finis par me mettre à quatre pattes pour l'observer. Sous la vitre flotte le corps de l'homme. Enfin, de la *chose*. Depuis quelques heures, ce n'est plus vraiment un homme. C'est un déficient, un de ces rebelles qu'on ne peut plus contrôler.

J'ordonne :

— Fais-le pivoter !

Mon aplomb me surprend. Je suis si excitée de pouvoir étudier un déficient en chair et en os que j'en oublie que je m'adresse à ma tutrice. À peine plus âgée que moi, certes, mais tutrice tout de même. Déva ne m'en tient pas rigueur ; elle descend les marches de verre et enclenche un levier. Le corps flottant se met à tourner dans son caisson transparent, tendu par le champ de force magnétique, jusqu'à ce que son dos m'apparaisse, raide et contracté. Au moment où Déva relâche le levier, le garçon se remet à gigoter et à hurler.

Imperturbable, Déva revient vers moi et scrute avec attention la nuque du patient. Puis sa bouche se crispe légèrement. Quelque chose la chiffonne.

— Regarde un peu ses points de transfert, dit-elle.

Je me courbe et remarque qu'ils ne sont pas luminescents. Confuse, je me redresse. Un bruit magnétique m'indique que Déva est en train d'extraire la carte digitale du patient. Elle me tend la projection hologrammique, mais je ne vois que du noir. Habituellement, l'hologramme des points de transfert renvoie notre identité digitale sous forme de codes informatiques chiffrés.

— Il n'est plus digital ?

Je m'y reprends à deux fois, pour être sûre de bien visualiser, fixant la nuque, puis l'hologramme. Pas même un code d'erreur. Rien. Le néant. Les codes d'erreur apparaissent fréquemment chez les déficients, ce n'est pas un problème. Une séance de reboot, et tout rentre dans l'ordre. Mais là… la connexion semble totalement rompue !

C'est donc possible. Le professeur Nevess dit vrai. Ce jeune homme n'a plus de connexion avec sa puce. C'est un néodéficient.

Je descends les marches et fais le tour du caisson, lentement, effleurant le verre du bout des doigts, fascinée. Le jeune homme relève péniblement la tête vers moi et accroche mon regard. Une mèche aux reflets cuivrés retombe devant ses yeux clairs. Son expression, très dure, me fait détourner la tête.

— Allez…, souffle Déva d'un air las, on le remet en isolation sensorielle.

Je regarde le déficient une dernière fois, cédant à une force irrésistible. Comme si j'étais touchée par la puissance du champ magnétique.

— Jade ?

Je sursaute. Déva me fixe du coin de l'œil.

— Tu n'en avais jamais vu avant, hein ? poursuit-elle.

Je tente de me justifier :

— Non. Je ne suis là que depuis cette année.

— Il déraille complètement, celui-là ! Trois reboots en moins de quatre mois. Bientôt, on ne pourra même plus le soigner !

L'idée est si inconcevable que Déva éclate de rire.

— Qu'est-ce qu'on fait ? Qu'en dit le professeur ?

— On applique la procédure habituelle.

Déva se met à pianoter sur l'écran mural, déclenchant plusieurs projections spatiales. Je n'arrive pas à suivre la manœuvre ; Déva va trop vite. L'habitude sans doute. Je rêve d'avoir un jour cette assurance. Mais je connais le truc par cœur, je l'ai révisé tant de fois : stabilisation du champ de force, régulation de la température corporelle, mise en place des perfusions transdermiques, injection de la dose de sédatif, implantation des connexions mère, de la source, du BIOS.

Déva a fini. Il ne nous reste plus qu'à quitter la pièce et à éteindre les lumières. L'isolation sensorielle, un bon reboot, et tout se remet en marche. C'est à ce jour le moyen le plus efficace pour guérir les déficients.

Une fois que j'ai terminé de me répéter mentalement le processus, pour me convaincre que moi aussi un jour j'y arriverai, je me remémore les derniers mots de Déva. Et si on ne pouvait réellement plus le soigner ? Si le reboot ne fonctionnait pas, cette fois ?

Je refuse d'envisager cette possibilité. Un homme ne peut pas fonctionner sans puce digitale. Nous serions contraints de le garder enfermé, ou bien de l'euthanasier. Je pense à ma mère, qui a tenté de mettre fin à ses jours entre deux séances de reboot.

La déficience…

Une affection si terrible qu'encore maintenant je passe la majeure partie de mon temps libre à relire mes bouquins d'étude, énumérant les moyens de guérison existants pour me rassurer. Chaque patient qui renaît – c'est-à-dire tous – me conforte dans l'idée que j'ai fait le bon choix : celui de devenir guérisseuse en centre de reboot. Et à vingt ans tout juste, ce n'est pas rien.

3.

En arrivant au centre aujourd'hui je me sens nerveuse. Je gare mon Blaster devant l'office et cours jusqu'au portail de la grande enceinte. De gros nuages menaçants s'accumulent dans le ciel depuis l'aube. Je tends mon badge à l'humanoïde posté dans la cabine de surveillance. Son geste est mécanique, précis. Il insère mon badge dans le lecteur digital, et lorsque le signal sonore indique que l'accès est autorisé, se tourne enfin vers moi. J'ai l'impression que cet humanoïde n'est pas le même que d'habitude. Quelque chose dans ses yeux… Oui, c'est une femelle. Son crâne chauve, son regard inexpressif, ses gestes automatiques – communs à tous les humanoïdes – ne suffisent pas à masquer la finesse de ses traits féminins. Elle me scanne la rétine et m'autorise à entrer dans l'enceinte du parc. Je suis l'allée centrale en pressant le pas. Le parc est gris et froid. Je frissonne et me hâte de rejoindre l'entrée du vieux bâtiment austère, dont les murs s'effritent par endroits. Une bourrasque me décoiffe, des mèches folles s'échappent de mon chignon. Vite, je me réfugie dans le hall. Je reprends mon souffle.

« Dans quatre heures, je serai fixée… »

Pendant les cours, ce matin, personne n'évoque rien. Ni les élèves, ni nos instructeurs. Tout le monde semble attendre. Déva et moi avons déclenché le reboot du néodéficient à onze heures trente du matin, il y a dix jours. Nous saurons donc ce qu'il en est aujourd'hui, à la même heure, lorsque le délai légal des deux cent quarante-six heures d'isolation sensorielle sera atteint.

À midi, je n'y tiens plus. Je cours rejoindre Déva au réfectoire. Je suis d'abord un couloir vitré. Dehors c'est le chaos : le vent se déchaîne, le tonnerre gronde, la pluie déferle sur le parc. Je songe au lac salé qui va se gorger d'eau douce, peut-être même déborder, comme c'est déjà arrivé lors de fortes moussons. Ce lac isolé à l'autre bout du parc est un des rares qui soit salé comme la mer. Il sert de frontière naturelle au centre, et s'étend jusqu'à la forêt.

Le corridor qui me conduit au réfectoire me paraît interminable : les mêmes murs gris, partout, l'éternelle lumière froide des néons, les arcades métalliques qui soutiennent la charpente, les sas délimitant chaque zone… tout est identique, quelle que soit l'aile du bâtiment dans laquelle on se trouve. J'ai mis du temps à m'y habituer et à ne plus me perdre.

Je passe enfin le dernier sas et entre dans le réfectoire. Déva se tient près du pylône alimentaire. Je la rejoins et je l'interroge du regard. Elle comprend tout de suite.

— Il a tenu les dix jours, dit-elle. C'est maintenant officiel.

Sa voix est posée ; elle garde son sang-froid malgré la situation. Je demande, inquiète :

— Que va-t-il se passer pour lui ?

— On attend les ordres, répond-elle avec calme.

Elle se tourne vers la file d'attente, l'air très sérieux avec son petit chignon brun, strict. Déva est comme ça : studieuse, sage, appliquée. Pas de conclusions tirées à la hâte. Je me dis qu'elle a raison. Je dois me calmer ; je n'ai pas à me préoccuper de ça pour le moment. Nous avons parfaitement respecté le protocole, nous n'avons rien à nous reprocher.

Dix jours…

Cela correspond au délai maximal autorisé de mise en isolation sensorielle et de tentative de reboot.

Notre patient, Sacha Fleery, a donc dépassé ce délai.

Généralement, les déficients sont guéris en quatre jours. Une fois, l'un d'eux s'est réveillé au bout de sept. Je me souviens que ça avait fait la une des journaux à l'époque.

Le reboot, c'est un combat entre le corps qui résiste et la puce digitale qui tente de remettre à jour les connexions entre le sujet et son programme. Chaque programme est unique. Bien sûr, il existe plusieurs grandes classes de programmes digitaux, avec des composantes mère semblables, mais chacun de nous a son propre programme. C'est à ça que sert le centre de Transfert. On nous envoie là-bas à treize ans et, pendant un an, on nous étudie afin de nous préparer un programme sur mesure. Le mien a été nommé « R.U.B.Y. ». J'ai tout oublié de cette période. Il paraît que c'est normal. Quand on devient digital, c'est comme une renaissance.

Seulement, l'organisme de Sacha Fleery a décidé de lutter contre cette renaissance pendant dix jours, dix nuits, sans relâche. Qu'est-ce qui cloche chez lui ?

Je ne sais pas ce qui arriverait si on tentait de dépasser les dix jours ; il est strictement interdit de le faire. Ce sont les médecins de la Haute Autorité qui l'ont décidé en procédant à d'innombrables calculs savants. D'après eux, le temps de maturation du champ de force, additionné au sédatif, au défibrillateur et aux perfusions en tout genre, ne permet pas à l'organisme d'aller au-delà de deux cent quarante-six heures. De toute manière, personne ne peut tenir jusque-là.

Mais voilà. Aujourd'hui, c'est arrivé. Sacha Fleery est donc notre *patient zéro officiel.* Il fallait bien que ce cas de figure se présente un jour.

Je sors de ma rêverie une fois devant le pylône. Je laisse les deux bras articulés me tâter la nuque et s'insérer dans mes points de transfert pour analyser mes besoins nutritionnels. Le bref picotement magnétique me fait frissonner. Un peu plus loin, un humanoïde me sert mon repas et je suis Déva avec mon plateau jusqu'à notre place et notre groupe habituels.

Tout en me nourrissant, je repense à cette année où les cancellers ont découvert des rebelles en liberté, déconnectés de leur programme informatique. Ils n'étaient pas seulement déficients ou instables : ils n'étaient plus *digitaux.* Dans un premier temps, les cancellers avaient essayé de taire l'affaire. Mais ça n'avait pas duré.

Les rebelles retrouvés ce jour-là dans les bois avaient été immédiatement rebootés au centre de Stargs – le plus grand et le plus prestigieux de tous. La presse en avait fait de gros titres à l'époque. Et le coup des sept jours avait été la cerise sur le gâteau. Car, oui, le « record » des sept jours avait été atteint par un de ces néodéficients. Ce sont les médias qui ont employé ce terme pour la première fois. Comme si on avait voulu les classifier, les compartimenter.

Les émissions de télé les plus populaires se disputaient le sujet. « Le rebelle aux sept jours ! » titraient les journaux. L'homme avait été la cible de tous les journalistes pendant un long moment, et les guérisseurs du centre de Stargs étaient devenus la risée de tout le Continent.

N'empêche, ça prouvait que certains rebelles avaient atteint un véritable niveau de contrôle leur permettant de ne pas se faire remarquer tout de suite après l'apparition de la dégénérescence. D'habitude, les déficients, les instables entrent en crise, braillent, s'agitent, perdent le contrôle. Or ces néodéficients retrouvés dans les bois avaient eu assez de contrôle et de présence d'esprit pour organiser une évasion groupée de Stargs – leur ville d'origine – jusqu'à la forêt de Marvill, à des kilomètres de là, sans se faire prendre.

Et puis, je ne sais pas pourquoi, du jour au lendemain, les choses s'étaient arrangées. Les rebelles avaient été guéris, l'affaire avait fini par s'étouffer d'elle-même. Le terme « néodéficient » avait fini par s'effacer des mémoires, y compris de la mienne. Et c'était mieux ainsi.

Jusqu'à… ce Sacha Fleery.

Pour couronner le tout, il en est à son troisième reboot ! Impossible de lui faire subir à nouveau le processus d'isolation sensorielle avant un long moment. Les rayons du champ de force modifient trop le tissu des cellules nerveuses. On compte sept jours de « répit » par jour d'isolement. On multiplie le résultat par le nombre de reboots effectués au cours des six derniers mois.

Sacha, qui a tenu dix jours en isolation sensorielle et qui en est à sa troisième session de reboot, cumule donc soixante-dix jours de tranquillité, multipliés par trois. Ce qui veut dire qu'il ne peut pas être soigné pendant une période… de deux cent dix jours.

Deux cent dix jours !

Presque sept mois sans pouvoir bénéficier d'un quelconque traitement – même pas un simple formatage de contrôle ! S'il se montre docile, il aura une chance. Mais s'il est instable, à l'image de ma mère, on pourra décider de l'euthanasier. Comment se comportera un néodéficient enfermé en cellule d'attente pendant près de sept mois ? Les calculs savants validés par la commission continentale ont beau être fiables, personne ne devait s'attendre à ce qu'un individu atteigne un jour le plafond fixé.

— Sept mois…

Ces mots s'échappent de ma bouche, comme si j'avais pensé à voix haute. Déva m'interroge du regard. Je dis, l'air de rien :

— Si on calcule bien, Sacha Fleery va devoir attendre sept mois avant le prochain reboot ?

Mes camarades de tablée échangent des regards anxieux. Quelques voix s'élèvent :

— Impossible !

— On ne peut pas garder cet homme pendant sept mois.

— Il est perdu d'avance.

Déva me fixe avec intérêt et lâche d'un ton teinté de compassion :

— On ne peut pas réussir à chaque fois, tu sais…

Je sais. C'est même une des premières règles que l'on nous apprend : il faut savoir accepter l'échec du protocole.

Mais tout de même…

Songeuse, je croque dans mon quartier d'orange. Il faut être pragmatique : à part la nourriture et les changes, cette… *chose* n'aura pas besoin de beaucoup. Il nous suffira peut-être juste d'attendre ? On pourrait tout aussi bien le plonger dans un coma artificiel…

Je me redresse d'un coup sur ma chaise. C'est ça, la solution : le coma artificiel ! Sous cette forme de vie végétative, le garçon ne représenterait aucun danger ni pour nous, ni pour lui-même. Ça éviterait qu'il devienne fou et tente de mettre fin à ses jours, ou encore qu'on finisse par l'euthanasier. J'ai dû hériter d'un programme à dominante sensitive car je n'ai jamais aimé toutes ces histoires d'euthanasie, même si je sais bien qu'il y a des cas où c'est inévitable…

Je m'apprête à lancer l'idée du coma artificiel quand Déva jette une photographie du patient sur la table. Dans la foulée, une projection hologrammique de son visage se dresse devant moi, me permettant de saisir au vol son regard virtuel. L'image se met à tournoyer afin que chacun puisse l'observer. Quand elle pivote vers moi, je retrouve ce regard troublant que le patient m'a lancé depuis son caisson de verre. J'ai l'impression que Sacha Fleery est là, face à moi, pour de vrai.

Mal à l'aise, je ravale mes mots. Maintenir cet homme dans un état semi-létal pendant sept mois serait mal. Il pourrait devenir un légume.

Puis une chose inhabituelle se passe : à force de contempler ce visage flottant, je commence à ressentir de la pitié. Est-ce parce que je l'ai vu en vrai il y a quelques jours ? Je me mordille les lèvres en constatant que je fais là une erreur de débutante : m'apitoyer sur un malade.

Mais c'est évident : il ne tiendra pas sept mois.

Ma mère a eu une période d'instabilité sévère dans sa vie, si bien qu'une fois elle a été contrainte de rester en cellule d'attente pendant trois semaines. Elle ne l'a pas supporté. Alors, sept mois…

— Il faut faire quelque chose, dis-je. Sept mois, c'est beaucoup trop long.

— Il n'y a rien à faire, répond une voix grave et éraillée.

Le professeur Nevess ! Perdue dans mes réflexions, je n'avais pas remarqué sa présence dans le coin en face, légèrement en retrait.

— Nous patienterons jusqu'au terme légal des deux cents dix jours, ajoute-t-il.

Le silence s'abat sur la pièce, et chacun finit son repas dans le calme.

Tout reprend son cours normal au sein du centre de Laemons Plazz. Et c'est mieux ainsi.

4.

Une semaine par mois, je suis de garde la nuit. Ces soirs-là, avant d'aller au boulot, je dîne chez mon père. C'est une sorte de coutume.

Je me souviens du jour où je lui ai annoncé ma décision de devenir guérisseuse. Il en a été dérouté. Il ne m'a pas adressé la parole de toute la soirée. Il est monté sans un mot, et j'ai continué à faire la vaisselle toute seule. C'était la première fois en dix-sept ans de cohabitation que mon père avait cette drôle d'attitude à mon égard. Mais le lendemain matin, au petit déjeuner, tout était oublié. Et puis, à cause de mes études, il a fallu que je quitte le domicile familial ; je ne le voyais plus que le week-end. Par la suite, il a toujours fait comme si j'avais entamé un cursus d'études ordinaire, s'y intéressant de très loin, sans porter le moindre intérêt au contenu. Tout cela n'avait pas de sens pour lui.

Ça n'a pas de sens pour grand monde.

Cette vocation, on l'a, ou on ne l'a pas.

Peu de personnes veulent s'engager dans le domaine du reboot. Côtoyer les déficients, ça fiche la trouille… Moi, ça ne m'effraie pas. La volonté de soigner ces malades prend le pas sur la crainte. Toute petite déjà, alors même que je n'étais pas encore digitale, le professeur Hugues Nevess, un vieil ami de mon père, me fascinait. Je lui réclamais sans cesse des histoires sur ses patients. J'ai compris beaucoup plus tard qu'il ne me racontait pas tout. On ne raconte pas à un gosse qu'un patient a essayé de s'ouvrir les veines en plein interrogatoire, en y plantant ses ongles. Ou qu'un autre a foncé droit dans un mur, pour se briser le crâne. Et que dire de ceux qu'on a retrouvés morts, deux doigts enfoncés dans leurs points de transfert ? Certains déficients ont de drôles de réactions… Heureusement, ce genre de choses n'arrivent que rarement, et me rendent plus forte en un sens. Je me bats pour que cela cesse définitivement.

Ma mère a sans doute été en partie responsable de cette vocation. C'est un peu pour elle que je veux que tout ça s'arrête.

Parfois, je me demande si ma puce digitale y est pour quelque chose, elle aussi. De quelle façon influe-t-elle sur mes choix ?

Je m'installe à la table de la cuisine, tandis que mon père me sert un potage de nouilles. Nous ne perdons jamais de temps dans ces moments-là. Nous mangeons en échangeant des banalités, et je pars travailler.

Mais ce soir, j'ai envie de parler. *Vraiment.*

— Un patient a tenu les dix jours, dis-je. Et sa connexion est rompue. Tu sais, comme dans le cas des rebelles de Stargs.

Mon père relève à peine la tête de son potage.

— Dix jours ? Et alors, il est mort ?

Sa moustache frétille à peine lorsque je lui expose les détails de l'affaire. Il réajuste ses lunettes seulement lorsque je lui parle des sept mois. Il ouvre la bouche pour parler, puis se ravise avec une moue fataliste. Il sait aussi bien que moi que personne ne peut tenir sept mois sans connexion, enfermé dans la cellule d'isolement. Il finit tout de même par dire, sans grande conviction :

— Eh bien, Hugues trouvera une solution.

« Hugues trouvera une solution ?! »

Je réponds sèchement :

— Il n'en a pas trouvé pour maman.

— Tu sais très bien que si, ma chérie, fait-il, l'air satisfait.

Je sursaute, manquant de renverser ma soupe, et le fixe avec effroi.

— Jade…

Mon père pose sa main sur la mienne et cherche à capter mon regard.

— Jade… Hugues a fait ce qu'il fallait pour ta mère. Tu es guérisseuse, à présent ; tu sais de quoi je parle.

Tout ça me coupe l'appétit. Je préfère quitter les lieux, vite ! Je suis mal à l'aise. Pourquoi ? C'est idiot, de réagir ainsi. La plupart des gens auraient laissé tomber.

Mon père est déjà passé à autre chose. Il ramasse la vaisselle, la dépose dans l'évier et se met à pianoter sur son agenda électronique mural.

— Au fait, tu demanderas à Hugues s'il vient toujours dîner le 4. Molly sera là, tes grands-parents aussi.

Je hoche la tête et me sauve.

Une fois à bord de mon Blaster, je songe à ce dîner dont mon père a parlé. Le « dîner de commémoration ». C'est une tradition : célébrer chaque année la mémoire de ma mère autour d'un repas familial. Molly, une ancienne amie de ma mère, qui a travaillé avec elle, se joint à nous. Elle m'a prise sous son aile quand je suis revenue de mon année de Transfert. Ma mère n'était plus là, alors ça nous a rapprochées. C'est le seul moment de l'année où nous sommes tous réunis. Ce soir-là, nous faisons un dîner spécial et prions pour tous les déficients du monde.

Lorsque j'arrive au centre de reboot, je suis encore remuée. Je repense à Sacha Fleery ; suis-je la seule à me préoccuper de ce type ?

Je me gare et, avant de descendre, me concentre pour effacer tout ça de ma mémoire.

Le vent qui n'en finit pas de souffler me fait frémir. J'arrive dans le hall les cheveux en bataille, toute débraillée. Je tente de me recoiffer lorsqu'une affiche retient mon attention : ils cherchent un guérisseur volontaire qui accepterait de s'entretenir avec Sacha. Les guérisseurs aux programmes les plus téméraires vont sans doute se présenter.

Une semaine se passe, sans que personne ne se manifeste. Combien de temps vont-ils attendre avant de prendre une « décision » ? J'imagine ce garçon qui vit coupé du monde depuis une semaine. Qui sait dans quel état il peut bien se trouver maintenant ! J'en parle à Déva, qui me dit que les gens ont peur. Je m'écrie :

— Bon sang ! Pourquoi travaillent-ils ici, dans ce cas ? Je croyais qu'on était différents des autres digitaux ! N'est-on pas censés affronter la déficience quoi qu'il nous en coûte ?

— Alors, présente-toi, fait-elle en riant.

Bien sûr, elle ne croit pas une seconde que je pourrais le faire. Je ne suis que son apprentie, après tout.

5.

Le lendemain, je suis devant la porte de sa cellule. J'hésite encore. L'idée me traverse l'esprit que c'est une perte de temps, que Sacha Fleery est de toute manière condamné. Irrécupérable. Mais, en réalité, j'ai peur, comme tous les autres. Cet homme n'est sous le contrôle d'aucun programme. Qui sait de quoi il est capable ?

Je me dis que je dois combattre cette peur. Je suis plus forte qu'elle.

J'ai demandé qu'il soit placé sous la coupole. Chaque cellule d'isolement contient un espace en forme de demi-cylindre vertical, à l'intérieur duquel on peut activer à distance un champ de force paralysant. Je regarde par le hublot et je le vois, qui attend patiemment sous le globe de verre. Il respecte les instructions. C'est au moins ça. Son regard croise le mien et je sursaute bêtement. Il est temps d'y aller ! Je déclenche le champ magnétique à l'aide de mon digipass, et j'entre.

Sacha me fixe étrangement, comme la première fois, et ça me met mal à l'aise. Il est tétanisé, au sens propre du terme.

Le bourdonnement rassurant du champ de force me détend un peu.

— Je vais arrêter ça, dis-je en désignant la coupole. Ne bouge pas.

Il est si jeune – il doit avoir mon âge – que je me surprends à le tutoyer. Tant pis. Je fais glisser mon index sur le digipass et le bourdonnement cesse aussitôt. Pendant un instant, c'est le silence complet. Je m'attendais à ce qu'il réagisse un minimum.

L'atmosphère est pesante. Je me sens nauséeuse comme lorsque je me réveille en sursaut la nuit et que je me trouve mal. Je commence à regretter d'être entrée dans cette cellule. Mes connexions s'affolent. Il faut que je quitte cet endroit ! Je fais un pas en arrière.

— Attends ! lâche Sacha d'une voix grave, haletante.

Je me fige.

— Tu en es une ? poursuit-il.

Je bredouille :

— Une... quoi ?

— Une déficiente.

— Bien sûr que non. Pourquoi ?

— Tu es la première qui vient me voir. Les gens ont peur. Pas toi. Pourquoi ?

Je suis vexée. Comme s'il fallait que je sois aussi dérangée que lui pour oser l'affronter !

— Je n'ai pas peur, c'est tout.

— C'est un bon début. Ça commence souvent comme ça.

Son arrogance me pique au vif. Une décharge me parcourt le corps : il faut que je parte d'ici ! Ruby est en alerte.

Il y a bien longtemps, j'ai appelé mon programme digital « Ruby », à cause de ses initiales. En ce moment, je ressens *vraiment* la présence de Ruby à l'intérieur de moi. Elle veut prendre possession de mon corps, et me pousser à fuir d'ici.

— Je... je dois y aller, dis-je.

Sacha descend brusquement de sa plate-forme.

— Non ! Reste ! m'intime-t-il d'un ton inquiétant.

Je me crispe. Machinalement, je recule, avant de comprendre mon erreur : Sacha se dirige vers moi.

— Ne l'écoute pas, m'ordonne-t-il en fondant sur moi. Sois plus forte... Essaie juste de...

Je ne l'écoute plus, car il m'a empoigné l'avant-bras et j'éprouve un sentiment qui me paralyse. Sa main sur mon bras... cette violence... Il s'agrippe à moi, et je déteste ça.

— Reste avec moi. Ne l'écoute pas, répète-t-il.

Un bref instant, il relâche sa prise et je recule encore. Aussitôt, il me retient avec force ; le contact est brutal, je suis toute chamboulée. Une nouvelle vague d'émotion me submerge. Sans que je m'en rende compte, nous nous sommes retrouvés de l'autre côté de la pièce. Je me débats de nouveau maladroitement – c'est la première fois que j'ai à le faire. Le trouble doit se lire sur mon visage, car il commence à bafouiller des excuses, sans cesser pourtant de me meurtrir les épaules. Jamais un digital n'agirait d'une façon aussi immorale, puérile. Alors que je m'apprête à hurler, il relâche enfin la pression.

— Je suis désolé, halète-t-il. Je ne voulais pas t'effrayer, je t'assure. J'aimerais juste que tu restes... encore un peu. Je sais qu'on ne force pas les gens comme ça en temps normal. Seulement, mes émotions sont tellement... différentes maintenant. Je ne contrôle plus grand-chose.

Il ferme les yeux et son visage prend une expression indescriptible. Il semble dans un état de concentration extrême. Je profite de ces quelques secondes de répit pour réfléchir à toute vitesse. Que faire ? Je n'ose plus bouger, craignant qu'il ne se remette dans le même état de fureur.

Comme s'il avait lu dans mes pensées, il rouvre les yeux et dit calmement :

— Je ne te veux aucun mal. Et j'aimerais que tu reviennes. Vraiment.

Son regard me transperce. Il attend une réaction de ma part, mais je tremble comme une feuille et n'arrive pas à dire quoi que ce soit. À ce moment, ses mains encore posées sur mes épaules glissent le long de mes bras ; le geste est d'une douceur surprenante. Je frissonne. Il recule de quelques pas.

— Qu'est-ce qui t'a poussée à venir ici ? lâche-t-il.

Je reste là, muette, à le dévisager. Je ne sais pas quoi répondre à ça. Il poursuit alors :

— Réfléchis-y. Va au-delà de ton programme. Essaie… de t'en détacher. Et tu comprendras.

Me détacher de mon programme ? Comme si c'était possible… Soudain, je réalise que quelque chose cloche du côté de Ruby. Comme lors de mes cauchemars, j'ai l'impression d'être déconnectée de ma puce. Mon trouble n'a pas été géré correctement, je le comprends maintenant. Un tel degré de panique n'est pas digne d'une digitale. Oui, quelque chose cloche… « Détache-toi de ton programme »… Et si Sacha essayait de me rendre comme lui, déficiente ?

— Tu reviendras, lâche-t-il.

Même si ce n'est pas une question, je fais oui de la tête. Puis je sens la connexion se rétablir petit à petit et me remettre sur les rails. Je décide de m'enfuir. Je pousse la porte et déguerpis en toute hâte sans me retourner le long du couloir sombre afin de tout oublier, au plus vite.

6.

Déva m'attend, assise dans le réfectoire. Je suis un peu en retard, même si la nuit de garde a été calme. Je me faufile vers elle, mon plateau à la main. C'est un petit déjeuner riche qu'on m'a servi aujourd'hui : tant mieux, je dois être d'attaque pour affronter cette matinée. Après le calme, la tempête. Et aujourd'hui, la tempête se nomme Von. Von est un ancien canceller ; il nous enseigne la maîtrise physique du déficient. J'ai toujours suivi ses cours avec assiduité. J'aime apprendre les prises et me persuade que j'arriverais à les utiliser pour de vrai s'il le fallait. En réalité, il paraît qu'un digital sur dix seulement réussit à appliquer correctement ces exercices en situation réelle. Personne n'aime la violence ; par ailleurs il faut disposer d'une puce robuste pour être capable d'y avoir recours. Voilà pourquoi les guérisseurs et les cancellers ont en permanence sur eux une seringue de sédatif. C'est beaucoup plus facile à utiliser face à la rébellion des déficients, et plus propre.

— Alors, chuchote Déva, tu l'as vu ?

— Qui ça ?

Elle lève les yeux au ciel.

— Sacha !

Des bribes de souvenirs remontent à la surface.

— Oh. Oui, je l'ai vu.

— Et… ?

— Eh bien, c'est un néo, il se comporte comme un néo.

— Ah…, lâche-t-elle, l'air déçu. Tu vas continuer à aller le voir ?

— Peut-être. Tu veux venir avec moi ?

— Nooon !

Elle jette un regard à la ronde pour s'assurer qu'elle n'a pas crié trop fort. C'est la première fois que je la vois perdre un peu de son calme. Elle se reprend vite ; elle plie sa serviette avec soin et replace une mèche folle derrière son oreille.

— Je veux dire… je te le laisse. Ça pourra t'apporter des points pour ton exploitation.

— Comme tu voudras.

Déva change tout à coup de sujet. Elle vit quelque chose de spécial en ce moment, son programme digital a enfin détecté un individu susceptible d'être compatible avec elle. Elle a rencontré le garçon hier et paraît sur un petit nuage.

Nous cherchons tous un partenaire pour procréer, mais aussi pour passer le restant de nos jours. Il ne faut donc pas se tromper. Je repense à mon premier compagnon, rencontré quand j'avais dix-sept ans : Milo Steeno. Je garde un souvenir ému de ce garçon. Milo avait respecté toutes les étapes du protocole : l'amitié, la cour, l'invitation, le baiser, puis l'envoi de l'invitation au centre de compatibilité, symbolisant une demande de procréation. Mais lorsque nous avons passé les tests génétiques et digitaux – étape ultime avant l'accouplement –, il s'est avéré que nous n'étions pas compatibles. Nos programmes avaient fait une erreur de calcul. Nous avons été contraints de tout arrêter. Depuis, Ruby n'est attirée par aucun autre programme digital. Je n'ai jamais plus ressenti ce petit court-circuit dans la tête, qui indique que quelque chose se passe entre deux programmes. J'espère ne pas finir seule… C'est une chose qui peut arriver. Certains ne procréent jamais. Ceux-là, les autonomes, occupent des fonctions à très hautes responsabilités et se consacrent entièrement à leur carrière. Ce sont les membres de l'autorité, les chefs d'établissement, les gouverneurs… Le professeur Nevess est un autonome.

À vingt ans, beaucoup ont déjà trouvé leur compagnon. La situation commence à me peser : je ne veux pas être autonome. Je veux fonder une famille.

Une fois notre déjeuner terminé, Déva et moi nous rendons en salle d'entraînement pour assister au cours de Von. Nous suivons de longs couloirs gris, franchissons quelques passerelles qui relient une zone à l'autre. En sortant du dernier sas, nous retrouvons les autres concurrents. Je devrais dire camarades. Mais nous sommes tous conscients que seule une petite poignée d'entre nous obtiendra le Certificat d'Exploitation de guérisseur. Les autres seront « réattribués » : ils prendront les postes disponibles sur le territoire dans n'importe quel autre domaine.

Nous nous saluons d'un signe de tête et patientons ensemble dans le petit vestibule métallique. Chacun est accompagné de son tuteur. En tant que tutrice, Déva a déjà validé le grade d'autodéfense, mais cela lui sert d'entraînement supplémentaire. Peut-être que ça lui sera utile un jour. C'est l'un des inconvénients des puces digitales : la Source, commune à tous les programmes, éradique la violence naturelle, présente chez tous les êtres humains qui ne savent plus y faire face.

Personne n'a envie de revivre la terreur du passé. Personne ne veut revoir un monde dans lequel les hommes se laisseraient dominer par leurs instincts primaires. Un monde voué à la destruction.

Encore maintenant, quand j'y repense, ça me fait froid dans le dos. C'est tellement déroutant, de se dire qu'il y avait d'autres continents que le nôtre avant, et qu'une immense partie de la planète a été détruite à cause de la folie de ses habitants… Nos ancêtres n'auraient jamais dû disposer de l'énergie nucléaire ! La Terre était déjà fragile : les guerres de plus en plus violentes, les catastrophes naturelles, une économie mondiale vacillante… tout cela n'a pas arrangé les choses. Lorsque la crise mondiale a éclaté – le Grand Conflit –, il était couru d'avance que ça se terminerait mal. Très mal. Les armes de l'époque étaient redoutables. On était dans l'ère du nucléaire, l'ère des armes de destruction massive. Les hommes de cette époque n'avaient aucune pitié. Vraiment.

On nous montre régulièrement les images d'archives du carnage pour nous rappeler à quel point nous sommes chanceux d'être libérés de ce fléau. Quelques images furtives viennent parasiter mon esprit, et je frémis : j'entends les explosions, les cris, je vois le sol se soulever, exploser, je vois les corps déchiquetés, estropiés, mutilés. Je me sens blêmir et tente de chasser ces horreurs de ma tête.

Un humanoïde entre dans le sas et je me ressaisis. Il nous scanne la rétine, puis pointe son numériseur vers un lecteur, duquel émergent nos projections digitales. Nous sommes tous présents. On va pouvoir nous ouvrir les portes.

Mon regard s'attarde sur l'humanoïde, qui patiente sagement avec nous. Les humanoïdes ont été la première génération d'hommes digitaux.

« De bons petits soldats », me dis-je.

C'est lors du Grand Conflit que les premiers digitaux ont

été créés. À l'origine, il s'agissait de prisonniers ennemis que l'on voulait voir se retourner contre leur propre pays. L'idée était d'élaborer un programme informatique capable de piloter n'importe quel être humain, de lui faire perdre tout contrôle de lui-même, et de lui imposer une nouvelle façon de penser, un nouveau raisonnement. Les premières expériences digitales ont eu lieu, et nos ancêtres digitaux sont nés.

Cela a bien entendu mis le feu aux poudres. Lorsque l'ennemi a compris l'horreur du procédé, quelque chose d'irréversible s'est mis en marche. La rancune était telle qu'il n'y avait plus aucune limite. Et c'est ainsi que le monde a implosé, littéralement. Les terres ont été entièrement rasées par des bombes nucléaires.

Ironie du sort, ce procédé – l'implantation de puces digitales aux prisonniers – qui a conduit le monde à sa perte est aussi ce qui nous a sauvés.

Les survivants de cette crise nucléaire ont décidé de donner une nouvelle chance à l'humanité en utilisant la technologie à bon escient. Les premiers spécimens digitaux pacifiques sont alors nés, et avec eux la promesse d'un monde meilleur. La première mesure prise par le Traité digital a été de créer un programme capable d'éradiquer la violence de l'homme.

Les autorités ont compris qu'il fallait que le BIOS de chacun accepte un certain degré de violence. Mais cette part est tellement faible qu'il a toujours été problématique de parvenir à maîtriser efficacement les rebelles. Il a donc fallu trouver des solutions, et c'est pourquoi on nous entraîne à l'autodéfense et qu'on nous fournit des fléchettes enduites de sédatif.

Von ouvre enfin les portes de la salle d'entraînement. Je

me détache de mes pensées et me redresse, prête à suivre les instructions. Je jette un œil à Déva, qui m'invite à lui emboîter le pas.

Von est très grand, costaud, même si ses muscles ont tendance à se ramollir depuis qu'il n'est plus officiellement canceller ; il connaît les techniques d'attaque et de défense comme personne.

Pendant vingt minutes, nous enchaînons les prises déjà étudiées, que j'exécute avec précision, tout en me disant que, si dans la réalité un déficient en venait à résister, je resterais sans doute pétrifiée.

— Jade Stone ?

La voix gutturale de Von me fait sursauter. À bout de souffle après ma dernière prise, je me tourne vers lui.

— Toi qui t'es portée volontaire pour rencontrer Sacha Fleery, sais-tu ce qu'il conviendrait de faire s'il sortait du champ de force de sa cellule ?

Tout le monde me regarde comme une bête curieuse avant de détourner le regard : il n'est pas convenable de dévisager les gens comme ça. Seul un garçon continue de me fixer. Il est tout en noir. Ses cheveux et ses yeux sont noirs eux aussi. La pâleur de son visage contraste et lui donne un air inquiétant. Il finit par baisser les yeux quand il perçoit mon malaise.

Je bredouille :

— S'il sortait de…

— Oui, s'il descendait de la plaque de sa coupole. S'il est hors du champ de force… Si tu te trouves en danger, insiste-t-il, que fais-tu ?

Je murmure :

— Ça m'est déjà arrivé.

Déva se tourne vers moi en fronçant les sourcils. Je blêmis lorsqu'une succession de flashs me rappelle ce qui s'est *vraiment* passé hier soir.

— Comment ça ? lance Von.

Je m'empresse de rectifier :

— Ça m'est déjà arrivé d'y réfléchir.

— On t'écoute.

— Si ça arrivait, dis-je avec un peu plus d'aplomb, j'utiliserais mon sérum sédatif et sortirais aussitôt. Les cancellers ne sont jamais bien loin, de toute manière, et je reste toujours sur mes gardes.

Non, ça ne se passerait pas vraiment comme ça… Ça ne s'*est* pas passé comme ça.

— Et ton digipass ? fait-il. Mets-le en mode « alerte ». Tu ne dois pas prendre ça à la légère ! C'est important.

— Oui, Von.

« Il ne sait rien », me dis-je pour me rassurer. Il ne peut pas savoir ! Alors, pourquoi ce ton de reproche ? Peut-être a-t-il seulement pris ma confusion pour de l'insouciance. Déva me lance un regard inquiet, et je secoue la tête en feignant l'incompréhension. Elle se détend un peu, puis hausse les épaules et se remet en place pour la prochaine prise. Ouf.

À la fin du cours, je quitte Déva pour rentrer chez moi. Il est midi, j'ai fini ma journée. Ma semaine de garde et mon cours d'autodéfense m'ont achevée ; j'ai besoin de me reposer. Durant le trajet, je comprends ce qu'il s'est passé. Ruby a essayé d'effacer de ma mémoire mes souvenirs de Sacha, ceux qui me contrarient et me troublent. Il ne me restait de lui qu'une image plate, lisse, à mille lieues de la réalité. Jusqu'à ce cours avec Von, je ne m'en étais pas rendu compte. J'essaie de me rappeler quand ça a commencé. Quand ai-je perdu la mémoire ? En sortant de la cellule de Sacha, j'ai couru dans ce long couloir, effrayée, et j'ai heurté… quelque chose… non, quelqu'un. Je me concentre. J'ai heurté… le garçon en noir ! Voilà qui explique son attention dans la salle d'entraînement. Mon affolement a dû prendre sens pour lui au moment où Von m'a interpellée.

Ensuite… je me suis excusée auprès de ce garçon, j'ai continué ma course et… Ça y est, je me souviens ! Je me suis adossée à un mur et je me suis calmée d'un seul coup. L'effacement sémantique a dû se produire à ce moment-là.

Ruby a voulu me protéger ; du moins, c'est la meilleure explication d'un tel phénomène. Mais même un programme informatique comme celui-là a ses limites. Ce qu'a fait Ruby est dangereux : en oubliant ce qui s'est passé, j'ai failli retourner voir Sacha comme si de rien n'était. Sans me souvenir, sans renforcer ma sécurité.

Ça sera chose faite la prochaine fois.

7.

Je frappe à la porte en retenant ma respiration. Presque immédiatement, la lucarne du hublot coulisse, laissant apparaître son visage. Puis un large sourire. J'appuie sur l'interphone et annonce :

— Je veux bien discuter avec toi, mais à certaines conditions.

Un air de triomphe se dessine sur ses traits, et ça me contrarie.

J'ai eu la nausée pendant tout le trajet : Ruby est contre tout ça, mais j'essaie de me « détacher de mon programme ». Cette fois, je compte garder le contrôle. J'ai bien senti la fierté du professeur quand je me suis portée volontaire, et le respect des autres apprentis lors de l'entraînement de Von. Je ne veux pas essuyer un échec. Il faut que Sacha guérisse, il faut que je fasse mes preuves. Ainsi, j'aurai mon examen à coup sûr, et un poste gratifiant dès l'année prochaine. C'est comme ça que ça fonctionne ici. Personne ne le dit clairement, mais il ne suffit pas de passer les tests d'exploitation avec succès. Une autre composante entre en jeu : notre personnalité digitale. Au centre de Laemons

Plazz, chacun de nos actes, même insignifiant, est épié en vue de l'examen final. Et cet acte-là, cette mission que je me suis attribuée avec Sacha doit sans doute secouer les examinateurs. Bien sûr, on ne m'en voudra pas si j'échoue, ou si j'abandonne. Après tout, je suis bien la seule à m'être dévouée, alors que je ne suis même pas encore diplômée. Mais j'ai la certitude que ça me ferait faire un pas de géant si je parvenais à aider le déficient.

Pendant qu'il se place sous la coupole, je décapuchonne ma seringue et vérifie la fonction « alerte » de mon digipass. Quand je suis sûre que tout est en ordre, je déverrouille l'accès et entre dans la cellule. Je referme derrière moi, mais reste près de la porte. Je prends le temps de jeter un œil à la cellule, cette fois. C'est gris, froid, ordinaire. Je ne sais pas comment je vais m'y prendre, ni si je vais oser m'éloigner de la sortie. Il y a une table et une chaise au milieu de la pièce, pas très loin de la coupole, mais il est hors de question que je m'en approche. J'inspecte furtivement le reste de la pièce : à gauche, une commande murale, un conduit transparent qui monte vers le plafond – c'est par là qu'on lui fournit du linge et de la nourriture –, et quelques tuyaux qui s'enfoncent dans les murs. Une petite console de rangement est encastrée à côté. À droite, au fond, la coupole, et une porte métallique. Je sais qu'elle mène dans une cellule annexe, de deux mètres sur deux à peine, la « salle d'eau » : du carrelage blanc, une vasque, pas de miroir à cause du verre.

Bien. Je respire profondément et replace cette satanée mèche derrière mon oreille. J'enclenche le champ de force magnétique le temps d'exposer à Sacha mes conditions. Ainsi, il m'entend, mais il ne pourra pas protester. Je le mets au courant pour le mode « alerte », le préviens qu'une armada de cancellers débarquera s'il tente quoi que ce soit, que tout contact physique est à exclure, et lui interdis de m'approcher pour quelque raison que ce soit.

— C'est d'accord ? fais-je d'un ton glacial pour conclure.

Il se passe au moins cinq secondes avant que je ne me souvienne qu'il est figé. Je désactive le champ magnétique de la coupole ; aussitôt, son corps se décontracte, et il se met à gigoter pour réveiller ses muscles. Il paraît beaucoup trop nerveux à mon goût. Je brandis mon digipass pour lui faire comprendre que, s'il bouge d'un poil, je n'hésiterai pas à l'utiliser.

Un léger sourire se dessine sur ses lèvres, ce qui me déstabilise. Je crois qu'il ne me prend pas au sérieux.

— Quoi ? Tu as un problème avec mes conditions ?

— Non. J'ai juste l'impression d'être un monstre à tes yeux. Je suis différent, mais toujours humain.

— Je le sais bien. Sinon, je ne serais pas ici. Je veux t'aider.

— Tu veux m'aider à faire quoi ? À redevenir digital ? Je suis tenace, on ne t'a pas prévenue ? Et je sais compter. Si dans deux cent dix jours ça recommence, vous allez me tuer ? Qui est le plus humain de nous tous, à ton avis ?

Je sens des décharges dans la nuque ; elles partent de mes points de transfert et remontent jusqu'à mon cerveau. J'agrippe ma blouse et m'appuie contre le mur.

« Saleté de puce digitale ! »

— Ne t'emballe pas, le néo, parviens-je à articuler.

Je fais le vide dans ma tête et tente de me ressaisir. « Je veux juste l'aider, Ruby… Laisse-moi rester… Ne me rends pas égoïste… Il faut le soigner. » Je répète mentalement ces mots en boucle parce que c'est la vérité. Après tout, c'est pour ça que je suis là, à subir la nausée et les décharges magnétiques dans mon crâne. Ça a l'air de calmer Ruby un moment. Je respire de nouveau.

— Pourquoi toi ? lance Sacha.

Je me demande s'il est capable de percevoir mon malaise, ou si tout cela se passe à l'intérieur de moi. En tout cas, il enchaîne les questions en rafale :

— Et les autres, tes collègues, ils n'ont pas envie de m'aider, eux ? Pourquoi ton programme t'autorise à venir ici ? Je parie que ton cerveau est en ébullition en ce moment ! Et puis, tu es si jeune… Pourquoi t'ont-ils envoyée ?

Je perds mon sang-froid :

— Tais-toi ! Tu es toujours humain, et c'est bien ça, le problème : un humain hors de contrôle aux mauvaises manières. Un digital ferait preuve d'un peu plus de respect !

Il ne répond pas. On dirait qu'il s'est calmé. Moi, je suis toujours collée au mur, en nage, sidérée par ce que je viens de lui dire. Ça ne me ressemble pas, de parler comme ça ! En temps normal, je ne me montre jamais désagréable avec les gens.

— Assieds-toi, propose-t-il en désignant la petite table. Je ne bougerai pas d'ici, promis.

Mais cela veut dire me rapprocher de lui. Alors, je glisse ma seringue dans la poche de ma blouse, plaquée contre ma poitrine. Il esquisse un sourire en coin, mais je ne me démonte pas et tire la table vers moi. Il m'observe avec attention jusqu'à ce que je m'installe. Pour me donner une contenance, je pose à plat mon digipad, pianote deux ou trois trucs du bout de mon stylet, fais apparaître une projection spatiale de la ville et commence par lui demander où il habite. Je le sais déjà, bien évidemment, c'est juste pour entamer la conversation. Il se prête au jeu et me guide dans les rues de la ville virtuelle. Il a l'air plus détendu et nous nous mettons enfin à discuter pour de bon, comme deux êtres civilisés. Il était temps ! Il me montre un bâtiment du quartier ouest de la ville.

— Je vivais là, dit-il.

— Avec tes parents ?

— Non.

— Avec… une compagne ?

— Non. Je n'ai pas encore été sélectionné pour procréer.

Je me sens moins seule tout à coup. Je poursuis :

— Tu as quel âge ?

J'ai beau avoir lu son dossier, je ne m'en souviens pas. Est-ce Ruby qui a semé le trouble dans mon esprit ?

— Vingt-deux ans. Et toi ?

— Vingt.

J'ai répondu machinalement ; je n'aurais pas dû. Il ne doit rien savoir de moi. Première erreur.

— Très bien, dis-je.

Je me racle la gorge et me redresse pour retrouver une posture professionnelle. « Je maîtrise la situation. »

— Tu es originaire de Laemons Plazz ? je demande.

— Non, j'ai grandi à Stargs.

Stargs, la grande ville. « Je ne suis pas impressionnée. Pas du tout. Passons à autre chose. » J'extraie de mon digipad la fiche d'identité de ses parents, qui se projette dans les airs. Leur portrait me surprend : M. et Mme Fleery ont les cheveux noirs, de grands yeux marron et une peau couleur miel, alors que les yeux de Sacha sont bleus, ses cheveux châtains, brillants, cuivrés, et sa peau pâle. Il ne leur ressemble pas du tout.

Le regard du déficient s'assombrit. Quelle idiote je fais ! C'est inconvenant de ma part, de projeter cette image pendant qu'il est enfermé ici, loin d'eux.

— Désolée, dis-je en faisant disparaître la projection. Ils doivent te manquer…

Encore une fois, je dérape. Pas de pitié, pas de compassion. S'en tenir aux faits.

— Pas de problème, répond-il. J'ai fait une croix sur eux depuis longtemps.

Je le dévisage, surprise. Alors, il m'explique : cela fait quelques années qu'il sent que quelque chose change en lui. Il a eu sa première crise de déficience il y a deux ans. Au fil du temps, ça s'est intensifié. Il me raconte ses différents dérapages, ses reboots, ses rétablissements. Je hoche la tête et note tout consciencieusement. Il conclut en me disant que cette année a été la meilleure en termes de récidive. Je relève la tête, interloquée.

— La « meilleure » ? Comment ça ?

— Je cherche à provoquer mes rechutes, volontairement. Mais tu ne peux pas comprendre…

Je l'interroge du regard.

— Je suppose que tu n'as jamais été déficiente. Sinon, tu ne travaillerais pas ici.

— Non. Mais ma mère, oui. Je sais ce que c'est.

— Ta propre mère ! Mais… comment peux-tu faire ce que tu fais ?

— C'est justement pour elle que je travaille ici ! Pour qu'un jour plus personne ne souffre.

— Pour que plus personne ne souffre ? répète-t-il, l'air ahuri. Tu ne connais rien de tout ça ! Tu n'es qu'un pion dans cette mascarade.

Je m'emporte :

— Tu n'as pas le droit de dire ça ! Tu ne sais rien de moi !

Je me reprends aussitôt : je ne dois pas laisser mes

émotions prendre le pas sur la raison. Il est déficient, il faut s'attendre à entendre ce genre de propos.

— Venons-en plutôt aux faits, poursuit-il. Pose-moi la question qui te tient à cœur.

— Quelle question ? De quoi parles-tu ?

— Allez, oublie un peu tout ce protocole médical. Vas-y, pose-la-moi !

— Je ne vois pas où tu veux en venir.

Il marque un temps alors que nos regards s'affrontent. « Allez, crache le morceau, toi aussi tu en meurs d'envie. » J'ai dû le penser assez fort, parce qu'il s'exécute :

— Qu'est-ce que ça fait, d'être comme moi ? Voilà ce que tu veux réellement savoir !

Un long silence s'installe entre nous. Je réfléchis à sa question, et à l'impact de la réponse.

— Admets que ça t'intéresse ! Qu'est-ce que ça fait, d'être comme moi, sans puce digitale, sans programme informatique pour me piloter ? Libre !

Je réalise avec effroi qu'il a raison. Cette question m'a brûlé les lèvres dès l'instant où je l'ai vu il y a quelques jours. Il est comme un enfant. Impulsif, fougueux, acharné. Et comment était-il avant qu'un centre de Transfert ne le fasse renaître sous une autre forme ? J'ai du mal à me souvenir de cet état infantile et immature. Et pourtant j'ai vécu dix années de ma vie comme une néo, il n'y a pas d'autre mot même si c'est assez troublant de l'admettre.

Sacha est dangereux, il vient de reprendre la main. Les idées se bousculent dans ma tête, et ça me déstabilise. J'ai peur de perdre pied de nouveau.

Il change de sujet :

— Tu te souviens de ta dernière visite ?

— C'est un peu flou, dis-je d'une voix incertaine. Mais je sais ce qu'il s'est passé. Tu as failli m'agresser.

— Tu te souviens de ça ?

Je hoche la tête. Il réfléchit un moment, puis déclare :

— Alors, elle est plus forte que je ne le pensais.

— Qui ça ? De quoi parles-tu ?

— De ta puce digitale. Normalement, elle aurait dû effacer tout ça de ta mémoire. Tu aurais dû oublier ta rancœur, ta haine, tes sentiments. Mais elle a préféré les garder intacts. Elle *voulait* que tu te rappelles, pour que tu ne reviennes plus me voir.

Il réfléchit un instant. Il s'agite ; puis il relève la tête d'un seul coup et me fixe en fronçant les sourcils :

— Pourquoi es-tu revenue, dans ce cas ? Je ne comprends pas !

Il faut que je lui réponde, je n'ai pas le choix. Je ne l'ai vu que quelques minutes, mais j'ai déjà l'impression de le connaître. Il ne me lâchera pas avant d'avoir saisi.

— C'est plutôt l'inverse qui s'est passé, dis-je. Mon programme a bien effacé certaines choses désagréables de ma mémoire. Seulement, tout est revenu petit à petit ce matin, je ne sais pas pourquoi. Maintenant, ça commence à s'estomper de nouveau. Mais je pense que c'est normal. Le cerveau humain est fait ainsi : à quoi bon ruminer sans cesse les mauvais souvenirs ?

A-t-il remarqué que je n'avais pas répondu à sa question ? Je crois que j'en ai suffisamment dit pour qu'il passe à autre chose. Il a l'air de réfléchir intensément, secoué de tics nerveux. Une vraie pile électrique, sur son socle métallique.

Soudain, ses yeux s'illuminent.

— En fait, ton programme digital n'est pas si malin ! Il m'efface d'abord de ta mémoire, puis se rend compte que c'est dangereux, car tu reviendrais ici sans prendre de précautions. Alors, il te rend ta mémoire, mais te convainc que ton unique but est de me soigner, et…

Je m'écrie :

— Arrête, arrête ! Tu me donnes le tournis avec tes théories !

Coupé dans son élan, il reprend sa respiration. Il semble déboussolé, comme s'il venait de s'apercevoir qu'il s'exprimait à voix haute depuis tout à l'heure.

— Tu vois, poursuit-il, c'est dommage. Moi, je garde un souvenir intact de notre première rencontre, telle qu'elle s'est vraiment déroulée. Personne n'est là pour dicter à mon cerveau ce dont je dois me souvenir. Notre rencontre est gravée dans ma mémoire.

Perturbée par cet aveu, je lui demande sans réfléchir :

— Très bien. Alors, dis-moi : c'était comment, notre première rencontre ?

Il a l'air surpris mais il ne se démonte pas et me raconte.

— J'ai vu la peur dans tes yeux. Et le dégoût. Je voulais que tu restes à tout prix. Il fallait que je réussisse à t'interpeller, mais mon attitude a dépassé les limites que je m'étais fixées. Ensuite, tu t'es débattue, et ça m'a chamboulé. Vous n'êtes pas censés employer la force, vous, les digitaux ! C'est là que j'ai compris que j'étais allé trop loin. Je sens encore le vide que tu as laissé. Les remords, la honte, la peur de ne plus te revoir.

— Oh.

Je suis déstabilisée : de si petites choses ne peuvent pas avoir un tel impact ! Je bafouille :

— Tu… tu ressens tout ça… encore ?

— Oui. Mes émotions sont démultipliées. Mon cerveau est sans cesse en ébullition, il travaille à plein régime. Je ne suis plus anesthésié. J'ai un pouvoir d'imagination que je n'aurais jamais eu avec Aedan.

« A.E.D.A.N... le nom de son programme », me dis-je. Lui aussi parle de son programme à la troisième personne. Comme s'il se dissociait de lui.

— J'ai tourné et retourné cette scène pendant des heures dans ma tête.

Emporté par sa fougue, il descend de la coupole et se met à traverser la pièce de long en large. Je n'ose rien dire.

Il se trouve hors de portée du champ de force, mais je ne remarque rien d'agressif dans sa posture. Il se comporte seulement de manière bizarre : il remarche, s'arrête, fait des demi-tours tout en parlant. Soudain, il s'immobilise, l'air serein, et sourit. Je n'ai jamais vu un individu passer aussi rapidement d'une émotion à une autre.

— Il y a autre chose que tu dois comprendre, dit-il : si la souffrance est amplifiée, le bonheur l'est aussi.

— Je ne vois pas comment nous pourrions être plus comblés, nous, les digitaux, fais-je, résignée. Aucun conflit, une sagesse commune, une harmonie totale. Alors que vous, les néo, on ne sait pas de quoi vous seriez capables avec tant de souffrance et de haine en vous. À toi seul, tu remets en cause tout l'équilibre du système. Tu te rends compte de ça ?

Non, je n'ai pas l'impression qu'il s'en rende compte. Il recommence sa ronde infernale. Je me dis qu'il est temps d'y mettre un terme :

— Reste en place, veux-tu ?

Je lui désigne la coupole du regard ; il grimpe dessus machinalement, comme s'il ne réalisait que maintenant qu'il l'avait quittée. Je pense qu'il n'a aucune mauvaise intention, mais je préfère me méfier.

— Il y a d'autres solutions, murmure-t-il. Ils n'ont pas le droit de nous faire ça !

Il se calme petit à petit.

— Je suis désolé, finit-il par dire.

— Bien.

— Non. Je suis désolé pour ce que je vais faire maintenant, mais je n'ai plus le choix.

8.

Je le regarde sans comprendre. Il redescend de la coupole et s'approche de moi. Sa démarche a quelque chose de sauvage ; on dirait un félin. Un félin dont je serais la proie. Je me raidis.

— Ne bouge plus, dis-je. L'entretien est terminé. Ne fais rien que tu pourrais regretter, Sacha…

Je me lève de ma chaise, aussi calmement que possible, et brandis mon digipass. Il s'immobilise. Il a compris. L'atmosphère a soudainement changé : après avoir discuté pendant près d'une heure, nous sommes redevenus deux étrangers. Je décide d'essayer de calmer le jeu ; ça serait dommage que ça se termine mal :

— Tout ça a été intéressant, Sacha, mais la séance est finie. Je reviendrai bientôt.

— N'aie pas peur, dit-il. Il faut que tu comprennes.

— Sacha, un pas de plus, et je déclenche…

Trop tard. Je suis happée par un violent tourbillon intérieur. Après une dernière enjambée, Sacha vient de me saisir avec fureur, et colle ses lèvres aux miennes. Mon cœur fait un bond qui manque de m'exploser la cage thoracique. Mes sens sont en désordre. Est-ce son odeur que je touche ? Son souffle que je goûte ? J'entends le bruit de sa peau contre la mienne. Il me serre de toutes ses forces. À tel point que je perçois les battements de son cœur résonner dans ma poitrine, à moins que ce ne soit l'inverse. Mon corps tout entier s'engourdit, se ramollit. Ses bras m'emprisonnent, je me sens décoller du sol.

Non.

Non.

Non !

Je reprends mes esprits, oppressée par une peur soudaine. Je sors de mon hébétement et trouve enfin la force de réagir. Comme soumise à un puissant instinct de survie, je suis tout à coup envahie d'une force insoupçonnable. Une rage effrayante s'empare de moi. Je le repousse avec violence, et nos lèvres se décollent. Il a les yeux fermés. Je tambourine contre son torse, laissant échapper un gémissement, mais il continue de maintenir sa prise.

Enfin, il rouvre les yeux. Il vient sans doute de se rendre compte de mon émoi, car il relâche la pression qu'il exerce sur mon corps. Il me fixe d'un air tellement sot ! À quoi s'attendait-il ?

Je finis par réussir à m'extraire de son étreinte et le repousse si violemment qu'il va se cogner contre le mur avec un bruit sourd. J'y ai mis tant de force que, déséquilibrée, je tombe à genoux. Je ne suis plus que haine et rage. Je relève la tête et vois son air hébété. Il tremble.

Je voudrais hurler, me jeter sur lui, l'injurier. Il a fait de moi un être immonde empli de colère. Soudain, la porte s'ouvre à la volée et quatre cancellers en uniforme font irruption dans la pièce. Je n'arrive même plus à me souvenir du moment où j'ai déclenché le digipass. Me voyant à terre, l'un d'eux se précipite, m'aide à me relever, tandis que les trois autres se chargent de Sacha, les seringues brandies. Sans leur offrir aucune résistance, il me lance, l'air bouleversé :

— Je suis désolé, Jade ! Il le fallait. Ne m'en veux pas.

Puis il perd conscience, s'effondrant sous l'effet du tranquillisant. Le canceller qui me soutient toujours m'entraîne dans le couloir et me confie à Bernie, un résident que je connais bien. Bernie, qui a travaillé toute sa vie à Laemons Plazz, est un peu le gardien des lieux. Je crois même qu'il y vit.

— Que s'est-il passé, Jade ? lâche-t-il. Je leur avais dit que c'était une mauvaise idée ! Une jeune fille comme toi… avec un néo. C'est de l'inconscience !

Je ne peux pas lui dire la vérité. Je n'ose imaginer le regard qu'il poserait sur moi, l'interrogatoire auquel j'aurais droit, les heures et les heures d'entretien que me vaudrait le fait de m'être trouvée dans les bras de Sacha. Il faut que je comprenne ce qu'il vient de se passer en moi. Pendant que nous suivons le couloir, je trouve à la hâte une excuse.

— C'était juste un moment d'égarement. J'ai eu peur, c'est tout. J'ai trébuché, et quand il s'est jeté vers moi pour m'aider à me relever, je me suis affolée. Rien de plus.

— Regarde-toi, gamine ! Tu trembles. Tu es toute débraillée. C'est trop risqué, tout ça… Tu sais bien que tu auras ton diplôme, tu es une des meilleures. Que veux-tu leur prouver ?

Je me repeigne machinalement avec les doigts et remonte la veste tombée de mon épaule pour effacer au plus vite les traces de l'incident. Puis je m'arrête d'un coup : que vont faire les cancellers ? Vont-ils interroger Sacha ? Que leur dira-t-il ? J'ai honte de ce qui vient de se passer, il ne faut pas qu'ils sachent. PERSONNE ne doit savoir. Je fais demi-tour et reviens sur mes pas, entraînant Bernie avec moi. Je bafouille :

— Écoutez, Bernie, c'est un malentendu. J'ai… j'ai mal interprété l'attitude de Sacha. C'était une fausse alerte. Il faut prévenir les cancellers, je ne veux pas qu'il perde confiance en nous.

Je presse le pas, fiévreuse, tandis que Bernie me dévisage, éberlué. Bon sang, pourquoi je réagis ainsi ? Pourquoi mon programme n'intervient pas ? Manifestement je ne suis plus pilotée du tout. J'ai l'impression que ma nervosité se ressent à des kilomètres à la ronde. Il faut que je me ressaisisse, sinon Bernie se rendra compte que quelque chose cloche. Il doit déjà trouver la situation étrange, vu qu'il stoppe brusquement, freinant mon élan.

— Du calme, Jade ! Du calme !

Il poursuit d'une voix radoucie :

— Ne t'inquiète pas. Il va juste faire une bonne sieste, rien de bien méchant. Tu sais, tu devrais te faire accompagner quand tu t'entretiens avec lui.

Pendant que nous retournons sur nos pas, j'essaie de le rassurer.

— Oh, ne vous en faites pas pour ça, Bernie. Je n'y retournerai plus. Sacha Fleery a besoin d'un peu plus de temps. C'est encore trop tôt.

— Bien ! Sois raisonnable, ma grande ! Tu seras une bonne guérisseuse, je ne me fais pas de souci pour toi.

J'avale ma salive péniblement en me retenant de crier : « Non ! C'est fichu ! J'ai déjà enfreint trop de règles ! Mon programme ne me pilote même plus ! » Sans le vouloir Bernie m'achève :

— Il est déjà tard, mais demain, je convoquerai tout le monde. Le professeur veut que tu fasses ton premier rapport sur ce néodéficient.

Je me retiens de hurler. Je dois faire bonne figure, sinon

c'est moi qu'on enfermera en chambre d'isolement. Ma bouche se crispe en un sourire forcé.

— Jade ?

Il me regarde étrangement. Est-ce que ça se voit sur mon visage ? Ai-je l'air d'une déficiente ? Je me reprends.

— Oui, bien sûr. Je ferai mon rapport demain.

Il paraît soulagé et me tapote l'épaule avec chaleur.

— Rentre chez toi et repose-toi.

Je m'exécute et, pour la première fois de ma vie, je mets un temps fou à m'endormir.

9.

En me réveillant, je me jette sur le premier miroir que je trouve et me dévisse à moitié le cou pour observer mes points de transfert. Je suis soulagée de les voir briller d'un vert fluorescent, comme d'habitude. La luminosité des points de transfert constitue l'indice de gravité de la déficience. S'ils sont toujours luminescents, j'ai peut-être une chance de m'en sortir. Mais si on décidait d'extraire ma carte digitale maintenant, quelles données pourrait-on y trouver ?

Un miaulement me rappelle à la réalité : Bug file vers la cuisine. À l'idée de la nourriture – même pour chat – la faim me tord le ventre. Je me rue vers les placards et me mets à dévorer : du riz soufflé, des graines de cacao, du fromage, du pain, tout ce qui me tombe sous la main. J'avale aussi deux pilules de nutrition ; j'en ai toujours un petit stock pour les journées de garde intensives, où je n'ai pas le temps de manger. Je m'arrête enfin, au bord du vomissement. J'ai l'impression que le temps s'est figé l'espace d'un instant : je n'ai jamais pris autant de plaisir qu'en m'empiffrant de cette façon. D'habitude, je n'ai pas si faim. Même ça, Ruby le contrôle. Dans le programme « élaboré pour la pérennité de l'homme », un calculateur évalue le nombre de calories nécessaires à l'organisme, pas plus, pas moins. Si je grossis, vais-je attirer l'attention sur moi ? Je n'ai jamais remarqué que les déficients soient plus gros que la normale. Sans doute sont-ils pris en charge à temps.

Maintenant, j'ai envie de dormir. Je n'ai pas eu mes huit heures de sommeil réglementaires, et mon corps le ressent. Confuse, je me demande ce qui s'est réellement passé hier. Suis-je en train de devenir folle ? Les idées de Sacha avaient l'air tellement claires ; ses paroles étaient si précises… Moi, j'ai le cerveau en compote. Je ne sais pas si c'est bon signe. Je me masse la nuque, comme si j'espérais que la connexion se remette en place : je dois faire un compte rendu sur Sacha cet après-midi !

C'est la pire journée de ma vie. Je pourrais peut-être m'entraîner devant mon père. Il est à mille lieues d'imaginer ce qui est en train de m'arriver. Alors si lui se doute de quoi que ce soit, inutile de me rendre au centre cet après-midi.

Arrivée sur le palier de son appartement, j'hésite. Il faut que je passe au scan identitaire, comme toujours. Je sais très bien que les informations contenues dans ma rétine ne peuvent pas dévoiler une défaillance quelconque. Un crypteur met les données à jour une fois par an seulement. Il vérifie notre dossier digital, relève les changements qui ont eu lieu au cours de l'année, et nous voilà tranquilles pour douze mois. Cette signature numérique pupillaire ne fait pas le lien avec la puce digitale. Pourtant, j'éprouve une certaine appréhension à montrer mes pupilles à l'engin robotique qui se trouve sur le seuil. Je finis par m'y résoudre : de toute manière je serai confrontée au même problème à Laemons Plazz, dans quelques heures.

« *Jade Stone* », dit une voix métallique en scannant ma rétine.

Rien d'anormal ne se produit. Je respire.

Mon père ouvre la porte, l'air surpris. Je ne suis pas censée venir en dehors des créneaux que nous nous réservons, les soirs où je suis de garde. Nous avons nos habitudes. Il m'installe dans le salon et me sert un verre d'eau, un peu désemparé. Je constate que nous n'avons rien à nous dire en dehors de nos repas communs. Ai-je été trop audacieuse en décidant de me pointer ce matin sans prévenir ? Je regarde par la fenêtre et vois un oiseau filer dans le ciel. Libre. Je repose mon verre et lance :

— Je peux voir la chambre de maman ?

Mon père fronce les sourcils. Je poursuis :

— C'est bientôt sa commémoration, et je voudrais m'inspirer d'un des tableaux pour la décoration de la maison.

Le prétexte m'est venu comme ça, parce que je suis embarrassée de l'avoir surpris et que je me vois mal m'entraîner pour mon compte rendu avec lui, en fin de compte. Je m'esquive donc dans le couloir.

Cette chambre, je n'y ai jamais mis les pieds, je ne sais pas pourquoi. C'est mon père qui a transformé l'atelier de peinture en une pièce dédiée à ma mère. Toutes ses affaires y sont rangées. Quand j'y entre, une odeur de poussière me prend à la gorge. Les fins rideaux laissent passer les rayons du soleil qui me caressent la peau. Je me sens apaisée, loin du salon gris, de cette sensation de vide qui y règne, et de mon père. Tout dans cette pièce rappelle la présence chaleureuse de ma mère. Ses livres sont entassés sur le sol ; d'autres sont alignés sur les étagères d'une grande bibliothèque. Je passe mon doigt sur une rangée de volumes poussiéreux. Depuis combien de temps mon père n'est pas venu ici ? Peut-être y a-t-il dans chaque habitation une pièce laissée à l'abandon, qu'on s'efforce d'oublier : celle des euthanasiés.

Un des murs est recouvert de tableaux dont les couleurs semblent avoir explosé sur la toile. Ils évoquent ce que ma mère représentait aux derniers moments de sa vie : un feu d'artifice, puissant et incontrôlable. Je n'ai jamais vu de feu d'artifice pour de vrai, ils sont interdits depuis des centaines d'années, mais je suis sûre qu'ils devaient éveiller le même genre d'émotion que j'éprouve face à ces tableaux. C'est magnifique.

Un mélange de nostalgie, de tristesse et de colère s'empare de moi. Une larme coule le long de ma joue. Ça fait tellement longtemps que je n'ai pas pleuré ! La dernière fois c'était… c'était… Je ne sais plus. Sûrement quand j'étais gosse. Ruby a dû contrôler mes émotions pendant ces dix dernières années.

Je sens mon pouls s'emballer et des images de ma mère se mettent à défiler dans ma tête. Chaque élément de cette pièce me rappelle un souvenir oublié, douloureux, amer. Je me sens vide, tout à coup. À cet instant précis, je voudrais que Ruby réagisse. J'ai besoin de mon programme pour contrôler cette souffrance.

Je tombe à genoux, ne sachant si je dois sortir de la pièce, ou rester le temps de me calmer. Le tourbillon qui m'emporte est différent de celui qui m'a fait chavirer lorsque Sacha m'a embrassée. Je ne suis pas en colère : je suis triste. Cette transparence de mes sentiments m'effraie. Que vais-je devoir encore affronter ?

Je me relève enfin, parce que c'est ce que j'ai fait pendant des années. Il faut continuer, puce digitale ou pas. J'ouvre la fenêtre, laisse entrer de l'air frais et inspire à fond. Je tire le rideau pour laisser passer plus de lumière et décide qu'il est temps de me replonger dans certains souvenirs. J'ai l'impression que c'est… nécessaire. J'ai presque tout oublié de ma mère et de sa personnalité. Elle était si belle, avec ses boucles brunes ! Elle me disait toujours : « Il faut que tu sois forte. Il le faut. Tu t'en souviendras ? » Elle voulait dire : « Tu t'en souviendras *après ton Transfert.* » Et je lui répondais en toute innocence : « Mais oui, maman. Je serai comme toi ! » À l'époque, je n'avais pas compris qu'elle était déficiente – et ça la faisait sourire. Encore maintenant, je ne suis pas sûre de savoir pourquoi elle me répétait ça aussi souvent.

Je m'arrête devant une photo de nous deux. C'est une photo d'identité banale, certainement prise pour le centre des archives. Notre ressemblance est frappante. Nous avons les mêmes grands yeux marron, rehaussés d'une pointe d'ambre, le même regard vif, perçant, intrigué. Seules mes boucles couleur miel apportent un peu de douceur à cette image. Je devais avoir neuf ou dix ans ; je ne savais pas à ce moment-là que c'était un de nos derniers instants passés ensemble.

Je suis émue.

Sous le bureau, je déniche une lourde boîte en fer, qui contient des papiers concernant le travail que ma mère exerçait avant ma naissance. Elle travaillait alors avec Molly, au service des Archives et de l'Exploitation des ressources d'un centre de cryptage. C'est là qu'on stocke les signatures digitales pupillaires qui sont modifiées tous les ans. Ainsi, ma mère pouvait connaître l'histoire de la plupart des gens. Est-ce cela qui lui a fait perdre la tête ? Le jour où sa déficience a été détectée, on lui a interdit l'accès au centre. Après son premier reboot, on lui a finalement attribué un nouveau poste dans une centrale de propulsion antigravitationnelle. Pour qu'elle y fasse le ménage… C'est le sort réservé à ceux qui représentent un risque pour la société. En d'autres termes, si jamais on découvre la vérité à mon sujet, c'est mon avenir tout entier qui partira en fumée.

Au fond de la boîte, sous un tas de papiers administratifs, il y a un porte-document en cuir usé. Cette matière noble et rare attire mon attention. Que peut contenir ce vestige des temps passés ? De nos jours, plus personne n'utilise le cuir, remplacé par les fibres optiques, le carbone, et les alliages fins.

Je défais les liens du porte-document… Soudain une onde puissante me traverse le crâne.

10.

La connexion a été brève, mais précise. Nette.

Ruby ?

C'est de nouveau le calme plat. Je voudrais retrouver cette sensation de décharge magnétique. Ça résoudrait tous mes problèmes. Je tire un peu plus sur la cordelette en cuir, et ressens une vive décharge électrique dans la nuque qui me fait tout lâcher. De toute évidence, mon programme se réveille au contact de cet objet.

« C'est quoi, ce truc ? » me dis-je.

Je sens que Ruby est toujours active. Ainsi, ma puce digitale n'a pas cessé de fonctionner ; elle doit juste se maintenir en veille pour une raison que j'ignore. En tout cas, mon programme ne me pilote plus lorsque je quitte la chambre et que je prends congé de mon père.

Dans mon Blaster, je réfléchis à ce qui vient de se passer. Si Ruby cherche à me préserver en m'empêchant d'ouvrir un vieux porte-document, on peut se demander jusqu'où elle irait pour me protéger. Une fois chez moi, je fonce vers la salle de bains. C'est la seule pièce dont la fenêtre ne donne pas sur la rue mais sur la cour. Les pavés, les murs en béton, tout est gris. Personne ne peut me voir ici. J'ouvre la fenêtre et m'assois sur le rebord. Les jambes au-dessus du vide, j'essaie de ne pas penser à l'absurdité de mon comportement.

« C'est dangereux, je risque de tomber », me dis-je pour déclencher une réaction. Rien ne se passe. Pas même un léger picotement dans la nuque. Je fais battre mes jambes en agrippant tout de même la gouttière.

« Je vais me jeter dans le vide ! À quoi bon vivre sans programme digital ? »

Je me penche un peu plus. Tout à coup, un miaulement me fait sursauter, et je manque de tomber pour de bon. Me retenant à la gouttière, je repasse vite les jambes par-dessus le rebord de la fenêtre, que je referme d'un coup sec, le cœur battant à tout rompre. Je perds la boule, c'est certain ! Bug me regarde comme si je venais de lui offrir un spectacle divertissant.

Je lance :

— Quoi ! Tu n'as jamais essayé de sauter par la fenêtre, toi ?

Il me fixe avec effronterie. Je le prends dans mes bras, comme pour le rassurer. Ce sale matou l'a échappé belle, il aurait pu finir comme cobaye digital afin de tester de nouveaux protocoles, s'il n'avait pas trouvé foyer.

« Le compte rendu ! » Je dois y aller, et je n'ai rien préparé. Mon programme endommagé n'est plus là pour me rappeler ce genre de choses et c'est épuisant de devoir se concentrer en permanence pour ne rien oublier. Mon esprit vagabonde sans parvenir à se fixer sur l'essentiel.

Je me rends à Laemons Plazz, la peur au ventre, confrontée à un nouveau phénomène : le cœur qui s'emballe, les mains moites, la gorge sèche, et le sentiment que je n'y arriverai jamais. L'idée de devoir m'exprimer devant un groupe m'effraie. Pourtant ça ne sera pas la première fois. Mais, là, je ne suis pas dans mon état normal. Or la moindre parole déplacée risque d'éveiller les soupçons.

À peine arrivée, j'aperçois Déva qui m'attend dans le hall en tapant du pied d'impatience.

— Tu es en retard, me reproche-t-elle en regardant sa montre.

C'est vrai. Ça ne me ressemble pas. Seulement, je n'avais pas prévu de me faire embrasser par Sacha, et d'en être complètement chamboulée, comme je n'avais pas prévu « l'attaque » d'un vieux carnet en cuir.

— Un léger contretemps, dis-je. Mais je suis prête. On y va.

Elle se contente d'acquiescer vaguement en me fixant de ses yeux vert d'eau. Ses yeux… Je la regarde pour de bon, et je me rends compte pour la première fois de sa beauté stupéfiante. Comme si mes sens s'éveillaient tout à coup. Les taches de rousseur sur son petit nez, ses cheveux bruns, lisses, brillants, remontés en un chignon soigné… Que m'arrive-t-il ? Je ne prête jamais attention au physique des gens. Quelque chose me saisit encore plus : cet air figé qui la rend si sévère. Elle est impressionnante. Je me redresse en essayant de cacher mon trouble et lui emboîte le pas dans le couloir qui mène à la salle de concertation.

Plus nous nous en approchons, plus il y a de monde. On dirait un tableau aux teintes métalliques : blouses de travail grises pour les guérisseurs, noir de plomb pour les cancellers, nacrées pour les humanoïdes, cuivrées pour les instructeurs. Les apprentis sont là aussi, habillés d'une simple blouse en coton. Je rejoins l'essaim multicolore avec réticence. En entrant, j'examine la disposition des tables. Deux chaises sont installées sur l'estrade qui surplombe la pièce. Ma gorge se noue : l'une d'elles m'est réservée. Le professeur Nevess est déjà là ; il me fait signe d'approcher. Il me paraît différent, lui aussi. Ses cheveux gris et sa barbe rêche, ses yeux, perçants, cette posture raide et contractée... Il me fait même un peu peur. Pourquoi ai-je cette impression étrange de voir les gens sous un jour nouveau ?

Le professeur prend la parole, s'exprimant d'une voix rauque, puissante, au ton parfaitement maîtrisé, qui fera certainement passer mon filet de voix pour un miaulement de chaton. Après m'avoir présentée brièvement, il parle de Sacha, et du « dispositif qui a été mis en place ». Je ne savais pas que nous avions un dispositif en place, mais s'il le dit, je ne vais pas démentir.

Ensuite, il se tourne vers moi. L'assistance me fixe d'une manière inquiétante. Il faut que je réagisse, au lieu de les regarder bêtement ! Je me force à sourire, ce qui doit sans doute me donner l'air stupide. Je n'ai pas l'habitude de sourire pour rien. Ces gens, que je connais presque tous, me paraissent eux aussi différents. Immobiles, figés, sans expression, tels des pantins inanimés. Ils ont le même air sévère que Déva.

Je me lance enfin.

— Bonjour à tous, fais-je timidement.

Ma voix dérape ; on dirait que personne ne le remarque. Et comme si ces simples mots avaient rendu son cours au temps, chacun se relâche. Cela me rassure un peu. J'enchaîne tant que je m'en sens le courage, décrivant Sacha comme « un patient néodéficient dont nous espérons qu'il guérira un jour ». J'essaie d'adopter un ton bienveillant.

Quelle hypocrisie, de parler de lui avec tolérance et respect !

En réalité, je le déteste. Peut-être parce que je lui ressemble plus que je ne le voudrais… En tout cas, certainement plus qu'à ceux qui sont réunis ici. On m'écoute avec attention, on prend des notes, on hoche la tête en signe d'intérêt. Tout à coup, je me sens importante. Une sorte de décharge euphorisante me traverse tout le corps, me donnant le sentiment de pouvoir maîtriser la situation. Alors, je continue. Je décris Sacha comme s'il s'agissait de n'importe quel déficient : tenace et imprévisible. Puis je me mets à réciter, l'air de rien, des chapitres entiers de mes cours d'analyse de la déficience. Tout le monde n'y voit que du feu. Je constate avec soulagement que, même sans Ruby, je garde une mémoire intacte à ce niveau-là.

Soudain, une voix masculine s'élève, claire et forte.

— Il paraît que les cancellers ont dû intervenir lors de la dernière séance. C'est dangereux, non, pour une jeune fille, de fréquenter un néo ?

Je ne sais pas trop si la question s'adresse à moi, au professeur, ou à l'ensemble du groupe ; en tout cas, c'est moi qu'on regarde. Je m'empresse de répondre sans trop bafouiller :

— Ça n'était qu'un malentendu. J'ai fait ce qu'il fallait, et l'intervention a été rapide.

— D'accord, répond l'autre. Je dis ça parce qu'on pourrait envisager de faire appel à d'autres volontaires. Ça serait bien de montrer à Sacha Fleery que nous avons confiance, que nous sommes là pour lui.

Je me renfrogne et me retiens de lui lancer : « Il fallait y réfléchir avant ! »

Et puis je le reconnais : c'est le garçon en noir. Celui que j'ai bousculé en sortant, paniquée, de la cellule de Sacha. Celui qui m'a fixée pendant le cours de Von. Se doute-t-il de quelque chose ? Il semble presque aussi jeune que moi. Pour qui se prend-il ? Puis je me dis que, moi aussi, je ne suis qu'une apprentie, qui s'adresse du haut d'une estrade à une assistance composée de professionnels du reboot. Je n'ai pas de leçons à donner en matière de désinvolture, c'est clair.

En réalité, c'est sa suggestion qui m'a vivement agacée : je ne veux pas que Sacha soit vu par d'autres personnes. Je ne sais pas trop pourquoi. Il pourrait… raconter ce qui s'est passé entre nous ? Si quelqu'un le découvrait, on me reprocherait de n'avoir rien dit, et je serais suspectée de déficience. Alors on analyserait mon programme, et qui sait ce qu'on y découvrirait… Et puis, bien que je refuse de l'admettre, l'idée me traverse que Sacha est peut-être le seul à qui je pourrais parler de mon… problème.

— Ça me paraît difficile pour le moment, fais-je enfin, l'air embêté. Sacha Fleery est malin ; par moments, on dirait presque un digital. C'est assez perturbant. Il est agité et nerveux, et il a tenté de me corrompre. Mais j'ai su faire face. Or cette compétence n'est pas donnée à tout le monde.

Ils savent tous que nous sommes inégaux à cause des programmes qui nous sont implantés ; il n'est pas honteux de le reconnaître, le dire n'est pas une provocation. Personne n'ignore qu'il est difficile pour certains de faire face à l'agressivité. Les déficients ont beau être violents et excités, tout se fait plus ou moins « proprement », en règle générale. On leur administre un sédatif, on les met sous coupole jusqu'à leur reboot, et le tour est joué.

Je comprends que j'ai atteint mon objectif quand je

remarque des regards horrifiés dans l'assistance ; des exclamations de dégoût et de peur se font entendre. Personne n'a plus envie de rencontrer Sacha Fleery.

Sauf peut-être… le garçon aux yeux noirs, qui continue de me fixer sans la moindre expression d'horreur sur le visage. Je sens que la partie n'est pas terminée.

— Il est évident que les déficients sont perturbés, dit-il, et peuvent nous perturber aussi. Mais si tu as réussi, d'autres y parviendront, sans vouloir te vexer.

Agacée, je pince les lèvres. Il ne lâchera pas le morceau ! Est-il moins crédule que les autres ? Quel genre de programme lui a-t-on implanté ? Avec un tempérament pareil, il aura sans doute un poste à haute fonction après son exploitation. En attendant, il semble bien décidé à vouloir me voler la vedette. Je riposte :

— Il a confiance en moi. Il commence tout juste à me parler de manière sensée. Il reconnaît son état. Je suis sur la bonne voie…

En manque d'arguments valables, je sens la situation m'échapper, et je panique. Je me tourne vers Hugues Nevess, et ne vois plus en lui que l'ami de mon père, celui qui me racontait des histoires, gamine, qui assiste à la commémoration de ma mère, et qui continue de m'offrir un cadeau tous les ans aux fêtes de fin d'année.

— Je demande l'exclusivité sur Sacha Fleery, professeur. Vous savez combien c'est important pour mon exploitation.

Je me rends compte que je fais un caprice de petite fille, et j'ai peur d'éveiller les soupçons. Mais cela a été plus fort que moi. Je ne laisserai pas ce type me piquer ma place ! Le professeur sourit très légèrement. Ses yeux pétillent. Après avoir poussé un long soupir et balayé la salle du regard, il me fixe et déclare :

— J'accorde l'exclusivité sur ce cas à Jade Stone.

Surprise, je ferme la bouche, alors que je m'apprêtais à protester.

— Pour trois semaines encore, précise-t-il. Avec celle qui vient de s'écouler, ça fera un mois en tout. Si rien n'a évolué d'ici là, je ferai appel à un autre volontaire, achève-t-il, les yeux pleins de malice.

Voilà, il a enfin quelque chose d'intéressant à se mettre sous la dent. Tout le monde a l'air ravi : les gens ont bien compris que Sacha devenait un trophée qui sera remis en jeu dans un mois si je ne parviens pas à un résultat satisfaisant. Ils ont aussi saisi que mon adversaire principal sera désormais le garçon aux yeux noirs. Quel spectacle excitant nous devons leur offrir là ! Si tant est que cette bande de pantins puisse être excitée par quoi que ce soit…

Ouf, c'est terminé ! Je me sens libérée d'un poids. Les choses ne se sont pas passées comme prévu, mais j'ai réussi à paraître crédible. J'ai un délai de trois semaines pour tout remettre à plat : avec Sacha, avec Ruby, avec ce minuscule incident. Je tente de me persuader que cette histoire sera juste une parenthèse malheureuse dans ma vie et que dans un mois à peine, quand il sera guéri, Sacha et moi en rigolerons ensemble.

Oui, tout ira bien, je le sens. J'éprouve soudainement le besoin de me retrouver seule pour décompresser. J'ai envie de rire, d'exploser de joie, mais je dois me contenir encore un instant.

D'autant que je vois mon adversaire s'avancer vers moi.

— Enchanté d'avoir fait ta connaissance, dit-il. Je m'appelle Anthony Eiffel. Tu devrais parler de moi à Sacha, pour qu'il commence à s'y faire dès maintenant.

Il m'adresse un clin d'œil, me serre la main avec vigueur

et s'en va vers le couloir, la démarche pleine d'assurance. Je n'ai même pas eu le temps de réagir, ce qui vaut mieux, car là, tout de suite, je lui collerais bien mon poing dans la figure. Tout de noir vêtu, Anthony Eiffel me fait l'effet d'une ombre survolant la masse des blouses cuivrées et métallisées. Un corbeau.

Il me fait peur.

11.

Le lendemain matin, rien ne s'est arrangé comme par magie. Et je réalise pour de bon que je ne suis plus connectée à Ruby. De plus, j'ai l'impression que mes points de transfert ont baissé d'intensité. « Mais j'ai encore trois semaines devant moi pour réussir », me dis-je pour me rassurer.

Je suis le cours de l'instructeur Cavo – *Les composantes électroniques d'une puce digitale.* Je m'ennuie ferme. Tout à l'heure, nous irons au labo de démonstration pour voir l'assemblage électronique d'une puce. En attendant, nous sommes assis dans la pénombre de la salle de cours et nous contentons de faire glisser l'index sur notre digipad de temps en temps pour changer de page holo. Le plus intéressant depuis ce matin a été de regarder une cartographie type de puce digitale en trois dimensions. C'était chouette, mais cela n'a duré que trois minutes. Cavo nous explique un tas de choses, et sa voix me paraît aussi soporifique que le ronron d'un vieux routeur primaire. Étrange… J'ai toujours aimé les cours de Cavo. Ce vieux barbu grisonnant a travaillé toute sa vie dans une usine d'assemblage de puces digitales ; il connaît le système comme personne. Il nous enseigne tout ce qui touche à l'électrotechnique ; la partie concernant la programmation informatique n'est pas de son domaine. Ça, nous le verrons demain avec l'instructrice Malonga. Installés devant nos ordinateurs, nous créerons des micro-programmes qui pourraient être exploitables dans la réalité.

C'est ça, la difficulté du reboot. Voilà pourquoi les candidats à ce travail sont rares : les études sont longues et pointues. Nous devons connaître tous les champs liés au reboot, à la déficience, aux puces et aux programmes informatiques, aux techniques de défense physiques et mentales...

Après les cours du matin vient le moment où j'exerce enfin le métier de guérisseuse, sous l'œil expert de Déva. Je me rends à mon poste et je liste les derniers déficients arrivés au centre. J'entre les données dans la BSU – *base de suivi universelle* –, je remplis ma seringue de sédatif, récupère mon digipass et file vers la salle d'arrivées, où Déva m'attend, comme tous les jours.

Aujourd'hui, nous sommes en charge du patient numéro 7. Je prends son dossier au passage et y jette un œil. C'est une femelle. Elle se nomme Leï Borare, et nous attend, figée dans son cocon magnétisé, l'air ahuri. Son regard s'agite, passant de Déva à moi, de moi à Déva, pendant un long moment. Habituellement, je ne prête pas attention à ça. L'arrivant est un produit parmi d'autres, que l'on doit réparer, reconditionner, soigner. Or, là, j'ai envie de couper le champ de force et de rassurer cette fille. Je voudrais la réconforter, poser une main compatissante sur son épaule, lui dire que tout ira bien. Cette fille, ça pourrait être moi. Je me ressaisis et transporte son œuf métallique sur un chariot avec Déva jusqu'à la salle de reboot. Après quoi, Leï est placée dans son caisson de verre, et nous commençons à l'examiner sous toutes les coutures. Pour la première fois, je me demande si le champ magnétique fait mal. Les contractions musculaires et la déformation des traits de la patiente ont-elles une signification émotionnelle, ou est-ce une simple réponse physique du corps ? J'aimerais pouvoir arrêter ce bazar.

— Tout va bien, Jade ?

Et mince ! J'ai encore laissé le malaise m'envahir, à tel point que ça se voit sur mon visage. Je tente de me détendre un peu et fais un sourire forcé à Déva.

— Oui. Un léger mal de crâne, rien de grave.

Elle paraît rassurée – pourquoi mettrait-elle ma parole en doute ? – et retourne à ses occupations, concentrée, professionnelle. Une fois la déficiente mise en isolation sensorielle et le processus de reboot lancé, nous partons faire notre ronde des guérisons. Déva déambule dans les couloirs de manière fluide, comme si elle glissait au lieu de marcher. Comme si… elle était téléguidée. Je devrais peut-être l'imiter. Je ne sais pas si ma démarche a changé, elle aussi, mais je me sens tout empotée.

Nous passons devant les chambres d'isolation sensorielle, et des cadrans numériques nous signalent les patients redevenus digitaux. Nous en libérons deux cet après-midi. Leurs mines réjouies me rassurent un peu. J'essaie de me convaincre en me disant : « Nous sauvons ces gens ! »

Et puis, en fin d'après-midi, vient LE MOMENT. Je ne peux pas me défiler.

C'est le moment où je dois le revoir.

12.

Ça fait un quart d'heure que je tourne en rond dans ce fichu couloir, à me demander ce que je vais bien pouvoir lui dire. Dès que je commence à me répéter les mots mentalement, mon cœur accélère et je manque de me trouver mal. Mais il faudra bien que j'y passe ; alors je me plante devant la porte et secoue la tête pour me ressaisir. J'essuie mes mains moites sur ma blouse et pointe l'index vers le témoin de reconnaissance digitale afin de signaler ma présence à Sacha. Je suspends mon geste, les jambes flageolantes, nauséeuse. Pas le genre de nausée que Ruby me provoque habituellement – ça serait trop beau –, mais une nausée d'angoisse, typiquement humaine. Quelle idiote, mais quelle idiote je fais ! Pourquoi ne parviens-je pas à me contrôler ?

Soudain, la lucarne métallique coulisse avec un claquement sec et je sursaute. J'aperçois son regard bleu sombre à travers le plexiglas. Savait-il que j'étais là ? Il déclenche le signal d'accès, et je ne peux plus faire marche arrière. Alors, je relève le menton et plante mon regard dans le sien. Un regard haineux que je n'arrive pas à maîtriser. Son visage se ferme comme s'il se souvenait enfin de ce qu'il a fait, mais il continue à me fixer d'un œil brûlant. Je me sens rougir. Il va ensuite se placer de lui-même sous la coupole. Il sait que je n'entrerais pas, sinon. J'ouvre la lourde porte métallique et pénètre dans l'univers de Sacha, encore une fois. Je lui accorde mon pardon. Je me soumets. Et ça me révulse au plus haut point.

Quand je le retrouve à l'intérieur, ce que je vois me décontenance. Sacha se tient assis en tailleur sur le socle de la coupole, la tête entre les mains. Je m'approche un peu. Il relève la tête, l'air meurtri. Les yeux cernés, les cheveux en bataille, il fait vraiment peur à voir. Si je le voyais pour la première fois, je me sauverais en courant. S'il n'y avait pas là un enjeu pour mon avenir, et si je ne ressentais pas de la pitié pour lui, je ne resterais pas une seconde de plus ici.

— Je ne suis qu'un abruti, finit-il par dire d'une voix grave, brisée.

Je n'ai pas le cœur de l'approuver. Je me contente de tirer le petit bureau vers la porte et d'y déposer soigneusement ma seringue remplie de liquide bleuté ainsi que mon digipass. Je décapuchonne la seringue avec les dents comme pour signifier : « Parfait. Tout est au point maintenant. » Après quoi, je m'assois et pose les mains à plat sur la table, prête à dégainer. Ou à fuir.

Un long silence s'installe dans la pièce.

— Vas-y, dis-moi, fait-il. Allez, insiste-t-il, dis-moi à quel point mon comportement a été idiot, égoïste, et déplacé. Énerve-toi, injurie-moi, frappe-moi même ! Je comprendrai.

Je lui ordonne d'une voix autoritaire :

— Arrête ! Je sais que tu as fait ça parce que tu es sous l'emprise de ta déficience. Du calme, tout va bien.

En réalité, je n'en pense pas un mot. Tout ne va pas bien. Je suis en colère.

— Pourquoi tu es revenue, si ça n'est pas pour m'en coller une ?

— N'oublie pas que je suis une digitale ! Une digitale n'a jamais recours à la violence.

— Ah bon ? persifle-t-il. J'ai dû me faire ce bleu tout seul alors.

Il se retourne et relève son tee-shirt, dévoilant un superbe macaron violacé sur l'omoplate. Je me revois en train de le projeter contre le mur.

— Sans doute, oui.

Un sourire se dessine au coin de ses lèvres. Puis il semble frappé par une pensée, et je vois de la terreur dans ses yeux.

— Ils sont là, c'est ça ? Ils sont au courant et m'attendent derrière la porte ? Tu leur as dit, bien sûr ! C'est pour ça que tu es là !

— Non ! Du calme ! Personne n'est au courant, Sacha, sinon ils ne m'auraient pas laissée revenir.

— Oh.

Il semble un peu sonné, mais son visage se radoucit.

— Je suppose que tu veux une explication ?

— Oui.

— Eh bien, si je t'ai... embrassée, c'était pour te provoquer.

— Tiens donc ! dis-je sarcastique.

— Oui, je voulais éveiller en toi une vraie émotion.

— Débile ! On m'avait déjà embrassée, tu t'en doutes bien !

— Oui, mais là, c'était différent. Rien à voir avec un baiser calculé, décidé par ton programme. Je voulais faire quelque chose de spontané, d'inattendu, pour te montrer qu'il y a d'autres émotions que celles que tu connais. Je tenais à te faire réagir. Mais je ne pensais pas que ça irait si loin. Ta réaction a été... au-delà de mes espérances.

— Tu t'attendais à quoi, au juste ?

Il ne répond pas. Je lance :

— Tu es complètement cinglé !

Il s'esclaffe, et ça me met hors de moi.

— Et tu trouves ça drôle ? Tu as raison, je n'aurais pas dû revenir !

— Non ! s'écrie-t-il en redevenant sérieux. Non, reste. Disons que… je pensais que tu réagirais de manière plus modérée. Tu sais, comme la plupart des digitaux *normaux*…

— Je suis normale !

— Je suis au courant.

Au courant de quoi ? Que je suis normale ? Au courant de la vérité ? Il ne sait rien du tout. RIEN DU TOUT ! Je bouillonne, mais je tâche de garder mon calme parce que ça me fait peur. Je ne me reconnais pas.

Je m'efforce de répondre sur un ton neutre :

— Les choses sont compliquées, en ce moment.

— Parle-moi, alors, propose-t-il. Tu sais beaucoup de choses sur moi, et je ne sais rien de toi.

Je reste plantée là, sans bouger, sans pouvoir parler. Je n'ai *pas envie* de parler.

— Je serai patient, poursuit-il. J'attendrai que tu sois prête.

Prête à quoi ? Pour qui se prend-il ?

— Je vais te montrer que je peux me contrôler, déclare-t-il. Je vais rester calme et silencieux, sans poser de questions embarrassantes, sans tenter une autre expérience. Je vais te prouver que je peux agir en parfait digital.

Je ne vois pas le rapport. Mais comme je ne trouve toujours rien à dire et qu'il m'énerve, je reste muette. Combien de temps va-t-il tenir avant de descendre de sa plaque, parce qu'il ne peut pas rester en place plus de cinq secondes ? Il veut jouer ? Très bien ! Je ne lui donne même pas deux minutes avant qu'il ne recommence son cirque habituel. Je relève la tête et soutiens son regard. Je pense qu'il a compris. Il a redressé le buste et me fixe avec assurance. Il va forcément se remettre à jacasser, comme à son habitude.

Non, il se tait. Il m'adresse seulement un petit sourire. Il attend. Nous verrons bien qui craquera le premier.

Cinq bonnes minutes plus tard, je me sens ridicule. Il sifflote en fixant le plafond, étire ses membres, pousse des soupirs d'aise… Je sais bien que c'est une manière de calmer ses nerfs, mais n'empêche, il tient. Je réalise que la situation est grotesque. *Je* suis grotesque.

Heureusement, une alarme retentit, annonçant que quelqu'un se présente à la porte. La voix métallique du scan digital nous informe : « Manuela Gabonn ». C'est une infirmière qui apporte le repas. Je lui ouvre ; elle a l'air complètement tétanisée.

— Bonjour, mademoiselle Stone… tout va bien ? bredouille-t-elle.

— Oui, merci.

— Pardon de vous déranger dans votre travail, mademoiselle Stone, c'est l'heure du repas. Je vous ai apporté un plateau. Si ce n'est pas le moment, je peux revenir plus tard.

On dirait qu'elle s'adresse au professeur Nevess en personne. Ainsi, c'est ça, l'effet que je produis sur le personnel ? Je suis pour eux la jeune apprentie effrontée, culottée – courageuse peut-être –, qui accepte de rencontrer un néo ? Ou alors elle me craint. Peut-être a-t-elle deviné que je suis cinglée…

— Non, ça va, dis-je. Merci beaucoup.

Je prends le plateau pendant qu'elle jette un regard apeuré à Sacha. Dès qu'elle a les mains libres, elle disparaît.

Le plateau contient deux repas en réalité : un dîner tout ce qu'il y a de plus normal, pour moi, et une pilule de nutrition sous un petit globe de verre. Elle est pour Sacha ; c'est comme ça qu'on nourrit les déficients. Mais j'éprouve un certain embarras à manger devant lui. Je vais déposer le petit globe prudemment au pied de la coupole et je retourne m'asseoir. Je n'ai pas faim.

— Bon appétit, me lance Sacha.

— Merci.

Je croque dans une pomme pendant qu'il gobe sa gélule.

— Bon, de toute évidence, tu ne veux pas parler ? fait-il.

Je savais qu'il ne tiendrait pas plus longtemps. Il recommence à trépigner.

— Je n'ai rien à dire. Tu m'as embrassée de force, et je t'en veux. Donc, laisse-moi tranquille.

— Eh bien, eh bien… Donc, tu es juste venue ici pour partager mon repas ? Je t'en remercie ; charmante attention !

Je mange ma pomme sans répondre.

— Je vais te dire ce que moi j'en pense, répond-il à ma place.

— Vas-y, parle ! Étonne-moi !

— Quelque chose a changé en toi depuis ta première visite. Tu ne te conduis pas comme une digitale à proprement parler. Mais si tu étais déficiente, tu ne serais pas revenue. Tu serais soit en train de fuir très loin d'ici, soit en plein reboot. Pourtant, tu es là. Pourquoi ? Ça ne colle pas !

Je m'emporte :

— C'est ridicule !

— Alors, étonne-moi, toi aussi ! Pourquoi tu es revenue ?

— Pour mon exploitation.

— Je ne te crois pas. Il y a autre chose.

— Tu sais quoi ? On va convenir d'un truc, toi et moi. Je

suis ici officiellement pour mon exploitation. Officieusement, ça me regarde. Je ne dirai rien de ce que tu as fait, et je continuerai à te voir, si toi, tu arrêtes de me poser des questions. Si tu t'obstines à vouloir comprendre quoi que ce soit, j'arrêterai tout de suite. Laisse-moi du temps, et je resterai.

Ça me coûte de le lui dire, mais en même temps je me sens soulagée. Ce petit arrangement que je viens d'imaginer est sans doute le meilleur qui soit.

Il fait mine de réfléchir un instant, puis déclare d'un ton solennel :

— D'accord. Marché conclu.

On dirait que nous venons de sceller un pacte sacré. Nous nous dévisageons pendant quelques secondes, l'air perplexe. Qu'importe, nous avons trouvé un terrain d'entente.

— À une condition, reprend-il.

Une condition ? Et puis quoi encore ? Je lui fais là une immense faveur ! En est-il conscient ?

— Fais-moi sortir d'ici.

Je manque d'avaler un bout de pomme de travers. Je le fixe, interdite.

— Je n'en peux plus, je suis enfermé depuis deux semaines ! s'écrie-t-il. Ma seule distraction, c'est le moment où l'on m'apporte du linge propre et des gélules… Et encore, je ne vois personne ; tout arrive par la trappe d'accès. Je me sens exister seulement quand tu es là. Je vais devenir fou pour de bon si je ne sors pas un peu d'ici !

— Impossible ! dis-je, catégorique. Tu ne pourras pas sortir tant que tu ne seras pas redevenu digital.

— Sauf si tu leur dis que je suis inoffensif. Ou que cela me ferait du bien, dans le cadre de la thérapie. Ça peut marcher !

— Je ne veux pas leur mentir…

— Tu l'as déjà fait.

— C'est différent. De toute manière, ça n'est pas moi, le problème, mais les autres. Ils n'accepteront jamais. Et puis, une fois dans le parc, tu t'enfuirais.

— Je ne le ferai pas.

— Comment te croire ?

— J'ai une dette envers toi. Je ne te trahirai pas.

— Facile…

— Il y a aussi… tu sais, le truc lié aux émotions que j'ai en tant que néo…

Parle-t-il de ce que je ressens depuis trois jours ? Est-ce encore plus fort quand on est néo ?

— Eh bien, ce… ce truc fait que je serais incapable de te faire du mal. Si je m'enfuyais, ça ficherait en l'air ton exploitation et ça te mettrait dans l'embarras. Je ne veux pas ressentir ça de nouveau : la culpabilité, les remords, les regrets. Et je ne veux pas te faire souffrir.

Toute confuse et embrouillée, je réponds :

— D'accord… c'est bon, tu as gagné.

Il se redresse d'un bond en une explosion de joie. Je me ressaisis.

— Je ferai mon possible, mais je ne peux rien te promettre. Ça risque d'être compliqué…

Il ne m'écoute pas et me remercie.

Je me mords les lèvres, déstabilisée. Ça fait trois jours que je n'arrête pas de me mettre dans des situations toutes plus délicates, plus improbables et plus embarrassantes les unes que les autres. J'ai un sérieux problème !

Sacha finit par s'approcher de moi, bras tendus, comme pour m'enlacer. J'ai un mouvement de recul, toute rouge. Il s'immobilise, gêné.

— Pardon, dit-il. Un réflexe.

Il retourne sous la coupole. Chose bizarre, je manque de le retenir.

— Je ne tenterai plus jamais rien pour te déstabiliser, déclare-t-il d'un ton solennel. Tu peux me faire confiance. On marche ensemble maintenant. Je veux te garder auprès de moi aussi longtemps que possible.

Je trouve qu'il s'emballe un peu trop, comme s'il craignait de perdre une chose très précieuse, mais je sais que c'est dans son tempérament. Aussi, j'essaie tant bien que mal de ne pas m'empourprer. Tout ça ne veut probablement pas dire grand-chose.

En le quittant, je me dis que j'ai été inconsciente de lui faire toutes ces promesses : une alliance possible entre nous, l'espoir de quitter cette pièce, une sorte d'engagement mutuel. J'aurais dû lui dire les choses clairement : que j'avais trois semaines pour le faire évoluer, trois semaines pour qu'on « marche ensemble », et qu'ensuite on ne se reverrait sans doute jamais. À la place, je lui ai tout promis, alors que je ne peux rien pour lui. Je n'ai pensé qu'à lui aujourd'hui, à ses illusions, à ses espérances. Je n'ai même pas évoqué sa guérison ! Ni mon « problème ». Rien de tout ce qui était prévu. J'ai été aspirée par le moment.

Je lui ai laissé mon plateau en partant, ce qui montre à quel point je suis déjà faible.

Je me sens mal.

13.

— C'est magnifique.

Sacha admire le paysage, et je suis étonnée que la simple vue du parc lui procure un tel émoi.

— Il fait gris, il tombe des cordes et il n'y a pas un chien dehors, car tout le monde a peur de nous. Tu trouves vraiment ça « magnifique » ?

Il ne répond pas, l'air absorbé par ce qu'il voit.

Je reprends :

— On devrait rentrer, on est trempés !

— Non ! s'exclame-t-il. On vient à peine d'arriver !

— J'ai froid, Sacha. On ressortira plus tard. On a quartier libre une heure par jour ; il suffit juste que je prévienne le professeur. Attendons que le temps se calme.

— Non !

Il s'arrête et me fixe rageusement. C'est tout juste s'il ne tape pas du pied, comme un enfant à qui l'on refuse de céder à un caprice. Il me prend par la main et m'attire sous un arbre. Entraînée par sa fougue, et essayant de reprendre ma respiration sans me noyer sous les trombes d'eau, je n'ai même pas le réflexe de me débattre.

— Voilà. On est à l'abri maintenant.

Je retire ma main de la sienne, m'apprêtant à lui rappeler que ce genre de contact est à proscrire, mais il ne m'en laisse pas le temps.

— Regarde !

Il me montre le ciel. Un rayon de soleil perce les nuages. Je l'interroge du regard, perplexe.

— Ça fait comme des étincelles.

De quoi parle-t-il ? Je regarde plus attentivement, mais la pluie me fait plisser les yeux. Fait-il référence à l'orage qui menace ?

— Tu sais qu'il est dangereux de s'abriter sous un arbre par temps d'orage ? dis-je d'un ton moralisateur.

— Je parle du soleil qui étincelle sur la pluie. C'est beau.

Ce gars n'est décidément pas normal ! Il doit me prendre pour une abrutie puisqu'il se place derrière moi, sa joue collée à la mienne, et pointe du doigt une sorte de couloir vertical lumineux chargé de pluie. Je vois enfin : l'air semble plein de paillettes, d'« étincelles », comme il le dit. Et, c'est vrai, il a raison : c'est beau.

Enfin, pas de quoi fouetter un chat non plus. Je m'éloigne de lui brusquement.

— Et pour l'orage, reprend-il, ne t'en fais pas. C'est juste de la pluie. Il n'y a pas eu un seul coup de tonnerre pour l'instant, nous ne sommes pas en danger.

Puis, je ne sais pas pourquoi, un rire moqueur lui échappe.

— Vous, les digitaux, vous êtes tellement prévisibles ! Il pleut : il ne faut surtout pas se mouiller ! Il neige : il ne faut surtout pas sortir ! Il y a du soleil : il faut surtout se protéger ! Il ne vous arrive jamais de faire ce dont vous avez envie ?

— Qui serait assez stupide pour aimer se faire tremper, ou pour risquer une insolation ?

Je fais mine de réfléchir un instant, puis enchaîne.

— Oh, sans doute toi, Sacha. Tu te crois tellement supérieur à nous !

— Je vais t'expliquer une chose, rétorque-t-il. Pour faire simple : comment connaître la joie de se réchauffer près d'un bon feu, si l'on n'a pas réellement eu froid avant ? Tu comprends le principe ?

— Je n'ai pas envie de souffrir juste pour apprécier quelque chose de mieux. Je préfère me pelotonner près d'un bon feu en regardant par la fenêtre la pluie torrentielle qui s'abat sur la terre. Et me sentir chanceuse d'être bien au chaud. Tu comprends le principe ?

— Tiens, prends ma veste, répond-il en souriant.

— Non, ça ira.

— Tu grelottes. Ne sois pas idiote, prends-la, insiste-t-il.

Il tente de mettre la veste sur mes épaules, mais je la lui arrache des mains et l'enfile moi-même, préférant garder mes distances. Même si j'ai confiance en lui à présent, une partie de moi me dit qu'il pourrait être dangereux.

— Regarde, si nous étions restés à l'intérieur, nous n'aurions pas vu ça !

Il désigne l'arc-en-ciel qui se profile à l'horizon.

— Respire cette odeur de pluie, de mousse et de terre ! Écoute le ruissellement de la pluie qui s'abat sur la forêt ! On ne peut pas ressentir tout ça quand on est enfermé.

— D'accord, dis-je en levant les yeux au ciel. Le spectacle n'est pas si mal.

Nous restons silencieux un moment sous l'arbre dégoulinant, face à ce bout d'arc-en-ciel.

Je finis par demander :

— Alors, que veux-tu faire maintenant ? Nous avons presque une heure devant nous.

— Juste profiter. Avec toi, répond-il en me regardant dans les yeux.

Puis son regard se fixe sur l'horizon, comme pour fuir le mien. Je me sens rougir.

Nous restons silencieux de nouveau.

— En réalité, si, j'ai envie de faire un truc, reprend-il, rayonnant.

Je crains le pire… Il me montre le lac salé, au loin. Je le dévisage sans comprendre.

— Tu t'es déjà baignée pendant une pluie torrentielle, Jade ? Je parie que non ! Ça serait stupide, pas du tout… digital, n'est-ce pas ?

— Oui, ça serait insensé.

— Eh bien, moi, j'en ai envie. Viens !

Il s'élance sous la pluie, comme dominé par une impulsion, déterminé. Il devient fou, c'est sûr ! Je savais que ça finirait comme ça, de toute manière. Comment ai-je pu me leurrer si longtemps ? Je me lance à sa poursuite, complètement affolée. Et si quelqu'un nous voyait ? Tout le personnel rappliquerait *illico* et jamais plus nous ne pourrions sortir. Je m'époumone, hurle son nom, mais il continue sa course folle.

— Ne t'en fais pas ! C'est juste une baignade ! Je ne suis pas en train de dérailler ! lance-t-il joyeusement.

Quelle situation grotesque ! Je nous vois, Sacha et moi, courant sous la pluie, lui hilare, moi tentant de le raisonner. Je suis prise d'un fou rire que je ne parviens pas à maîtriser.

— Sacha ! Attends-moi ! Tu es dingue !

Je glousse comme une idiote. Je le rejoins sur la berge, à bout de souffle, trempée, essayant de dissimuler un rire nerveux. Je m'écrie :

— Tu es malade ! Si on nous a vus…

— Personne ne nous a vus, me coupe-t-il.

Je balaie les lieux du regard, me retourne pour voir si quelqu'un n'est pas en train de nous poursuivre, et constate que le parc est désert.

— Laisse-toi vivre, Jade ! Que peut-il nous arriver de mal ?

— Mais c'est absurde !

— Ce qui serait absurde, c'est de faire ça !

Il me saisit par la taille, me soulève et m'entraîne au bord de l'eau. Je me débats et lui crie d'arrêter, tout en continuant à rire. Je me sens vulnérable, mais cette fois-ci la sensation est agréable. Je m'amuse réellement, pour la première fois avec lui.

— Quoi ? s'exclame-t-il en me reposant à terre. Allez, rien qu'une fois, faisons un truc fou ensemble. Personne ne peut nous voir ici.

C'est vrai que je n'ai jamais rien fait de pareil. Se baigner alors qu'il pleut… Un frisson d'excitation me parcourt de la tête aux pieds. Si seulement l'averse cessait… Ce petit jeu stupide pourrait prendre fin. Mais les gouttes de pluie crépitent de plus belle sur la surface de l'eau. Alors, mue par un élan incontrôlable, j'enlève mes chaussures, ma veste, ma blouse, et me retrouve en tee-shirt et legging gris. Sacha me dévisage, l'air abasourdi.

— Alors, tu te dégonfles ? le défie-je.

— Bien sûr que non, fait-il en ôtant son sweat.

Ses points de transfert sombres me rappellent brutalement à qui j'ai affaire. Je détourne les yeux et me concentre sur le lac. L'eau grésille sous l'averse ; c'est un peu désagréable, et en même temps ça a quelque chose de stimulant. J'avance et foule du pied les galets. L'eau me paraît presque tiède, comparée à la fraîcheur de la pluie qui ruisselle sur mon corps. Je marche lentement ; Sacha, lui, plonge la tête la première et disparaît dans l'eau.

Évidemment, j'aurais dû sentir le coup arriver. Mais il est déjà trop tard lorsqu'il se jette sur moi et m'entraîne vers les profondeurs dans un tourbillon de bulles.

14.

Sacha me tient par la taille : nous sommes collés l'un à l'autre. Nous tournoyons comme des fous, emportés par notre élan. Mes cheveux se mêlent aux siens, nos cuisses s'entrechoquent tandis que ses mains glissent le long de mes hanches. Je n'ai plus d'air. Prise de panique, je le repousse brutalement pour remonter à la surface.

Quand je fuse à l'air libre, des milliers de gouttes de pluie viennent me fouetter le visage, si bien que je ne sais plus si je suis dans ou hors de l'eau. Puis je respire à pleins poumons : ouf, je ne me suis pas noyée ! Le sel me pique les yeux, mais quand je les ouvre, j'oublie tout face au spectacle auquel j'assiste. C'est une tornade liquide qui s'abat sur moi, un vrai déluge. Je suffoque, cherche Sacha au milieu de ce vacarme.

Soudain, les éléments se calment un peu. Le soleil réussit à percer les nuages et c'est maintenant une fine cascade de paillettes scintillantes qui me caresse le visage. Je suis dans un état second, hébétée et déstabilisée.

Puis Sacha jaillit à la surface et interrompt ma rêverie en m'éclaboussant au passage.

— Alors ? Quel effet ça fait ?

Je lui saute dessus et essaie de le faire couler, en vain.

— Raté ! s'exclame-t-il avant de s'éloigner un peu.

Je me lance à sa poursuite tel un animal enragé. Il rit tellement qu'il en boit la tasse. Pour une fois, c'est lui qui fuit.

— D'accord, c'est bon, tu as gagné ! finit-il par lâcher, à bout de souffle.

Je bondis sur lui et tente de le pousser vers le fond, mais il m'entraîne dans sa chute. Je suis obligée de le relâcher.

Sacha remonte, prend une profonde inspiration, puis se met à tousser bruyamment.

— Je pense que nous sommes quittes, déclare-t-il.

— Ne refais jamais ça !

— Refaire quoi ? demande-t-il, hilare.

Nous faisons quelques brasses vers la berge, dans le vacarme assourdissant de la tempête, qui se déchaîne de nouveau alors que le soleil continue à briller. La scène a quelque chose de puissant. Puis Sacha s'arrête devant moi et je suis contrainte d'en faire autant.

— Alors, cette baignade ?

Je dois bien avouer que c'est le truc le plus fou que j'aie jamais fait. Comme je ne trouve pas de mots pour décrire ce que je ressens, je réponds simplement :

— C'est... spécial. Étonnant. En dehors du temps.

— Je suis d'accord.

— Rentrons ! dis-je. Il ne faut pas traîner.

Une fois sur la berge, nous nous cachons chacun d'un côté d'un gigantesque saule dont les fines branches descendent jusqu'au sol. Nous sommes ici à l'abri des regards. Nous essorons nos vêtements tant bien que mal. Sacha s'en va chercher nos affaires et je l'attends en grelottant. Mes jambes flageolent, mes lèvres tremblent, mes genoux s'entrechoquent. Saleté de pluie ! L'exaltation du moment que je viens de vivre est oubliée : j'ai tellement froid !

Au bout d'interminables secondes, j'entends Sacha revenir.

— Idée… géniale… Sacha ! Je suis morte de froid. Je… je donnerais… n'importe quoi pour me trouver au sec et au chaud.

— Tu verras, tu apprécieras encore plus que d'habitude, dit-il.

Il me rejoint de mon côté de l'arbre et s'exclame :

— Tes lèvres sont bleues !

Je réponds d'un ton sec :

— Je m'en doute, merci !

— Laisse-moi faire un truc, dit-il en me suppliant du regard. S'il te plaît ! Je veux juste te réchauffer.

Je lui lance un regard hésitant, qu'il prend pour un oui. Il me serre alors dans ses bras et m'attire contre son torse. Tétanisée par le froid, je baisse ma garde. Sa chaleur m'envahit tandis qu'il me frictionne le dos, les bras, la nuque. Je me sens si bien que je voudrais que ce moment dure éternellement. Je comprends mieux maintenant sa théorie sur le chaud et le froid.

— Merci de ta confiance, chuchote-t-il.

— Il faut dire… que j'ai vraiment très froid.

Je me décolle de lui, mais il me retient. Il me fixe un moment, comme s'il voulait s'assurer que je vais réellement mieux. Son regard s'attarde sur mes lèvres. Je demande :

— C'est bon, elles ne sont plus bleues ?

Il me fixe sans comprendre.

— Mes lèvres, elles ne sont plus bleues ?

— Non, c'est bon, fait-il, l'air gêné. On peut y aller.

15.

De loin, j'aperçois deux personnes postées à l'entrée du bâtiment, qui guettent notre retour, l'une en blouse argentée, l'autre en tunique noire. Plus on s'approche, et plus je suis mal à l'aise. Sacha doit le remarquer, car il me jette un regard inquiet.

Anthony Eiffel se tient là, tout de noir vêtu, nous épiant tel un corbeau curieux et malfaisant. Que veut-il, à la fin ? Pourvu qu'il n'évoque pas le délai des trois semaines ! Vite, j'explique la situation à Sacha : il ne doit pas leur parler. Pas un mot. Il faut qu'ils aient peur de lui, que TOUT LE MONDE ait peur de lui. Sacha comprend en une fraction de seconde : il prend un air révolté et éteint à la fois, qui me ferait presque peur, à moi aussi.

Comme il tombe toujours des cordes, on nous ouvre les portes à la hâte. Le deuxième homme, c'est Alberto Vadell, un guérisseur expérimenté. Un genre de papy à l'allure rassurante, un ancien de Laemons Plazz. Sa sagesse et sa chaleur contrastent avec l'air sournois qu'affiche Anthony Eiffel.

Mon adversaire ne perd pas de temps ; il s'adresse à Sacha d'un ton mielleux :

— Ravi de te rencontrer, Sacha. Jade a dû te prévenir, je suis ton futur soigneur.

Sacha se contente de le fusiller du regard. Il le déteste déjà, j'en suis sûre.

— Ça s'est bien passé ? demande Alberto, alors qu'on se dirige tous vers la cellule de Sacha. Vous êtes trempés ! Pourquoi n'êtes-vous pas rentrés plus tôt ? On commençait à se faire du souci.

— Sacha se sentait bien dehors, dis-je. Nous avons beaucoup discuté.

J'insiste sur ce dernier mot pour leur laisser entendre que j'avance dans le travail. Ça justifie le fait d'avoir passé une heure sous la pluie. Anthony rétorque :

— Tu n'aurais pas dû t'infliger ça pour lui ! Et si tu tombais malade ? Ça serait dommage qu'on doive te remplacer.

Je serre les poings et lance :

— Je suis solide, il en faut plus pour m'abattre.

— N'empêche, tu fais peur à voir. Et toi, Sacha, tu as perdu ton programme, et ta langue également ? Je t'ai salué, il me semble !

Je sens que Sacha est sur le point d'éclater ; aussi, je presse le pas et chuchote à Anthony :

— Bravo ! Quel professionnalisme ! Dans ton dossier d'exploitation, n'oublie pas de mentionner une qualité : la *compassion* à l'égard des patients.

Alberto se faufile entre nous et tente de calmer les choses en glissant quelques mots à l'oreille d'Anthony.

— Mais c'est vrai ! explose ce dernier. Regardez-la ! Elle est restée une heure sous la pluie à cause de lui ! Ce type est dérangé, tout le monde le sait ! Alors pourquoi la laisse-t-on faire ?

C'est la phrase de trop. Sacha bondit vers lui en grognant

comme un animal sauvage. Il le domine d'une bonne tête. L'autre paraît désorienté : il n'a sûrement pas l'habitude qu'on lui tienne tête. Il blêmit tellement que je jurerais qu'il va tourner de l'œil. Il devrait suivre son programme digital : sortir sa seringue et piquer Sacha. Or c'est tout l'inverse qui se produit : Anthony gonfle le torse, grogne à son tour et s'avance tout contre Sacha, soutenant son regard. Leurs corps s'entrechoquent, chacun essaie d'intimider l'autre. La scène est ahurissante ! C'est du jamais-vu dans un centre de reboot. Alberto et moi nous concertons du regard et nous jetons sur eux pour les séparer. Alberto menace Sacha d'une seringue ; moi, j'écarte Anthony et le pousse plus loin dans le couloir.

Je fulmine :

— À quoi tu joues, bon sang ?

— Ça va, c'est bon, halète-t-il.

Son air hagard prouve qu'il est seulement en train de réaliser ce qui vient de se passer.

— Pourquoi tout le monde s'en fout ? lance-t-il. Pourquoi on trouve normal que toi, une jeune apprentie de vingt ans, tu passes autant de temps avec un néo ? Quelque chose ne va pas, admets-le !

Ce qu'il dit est vrai… Je réponds :

— Pas la peine de te donner en spectacle ! Tu ne gagneras pas comme ça. Sacha te déteste déjà. Tu pars avec un gros désavantage sur moi.

— Je m'en fous, du jeu ! proteste-t-il. C'est pour toi que je m'inquiète. Ta relation avec lui n'est pas saine.

Je me tais. Je pensais qu'il n'était qu'un compétiteur plein d'ambition, et voilà qu'il s'inquiète pour moi… « Quel manipulateur ! »

— Fais attention, poursuit-il : On a déjà vu des guérisseurs passer de l'autre côté.

Finalement, je riposte :

— C'est toi qui as un problème.

Je tourne les talons en vitesse, de peur d'avoir l'air d'une déficiente. Je suis folle de rage : ce type que je hais est en train de me percer à jour ! Si ça continue, il va bousiller ma vie. Un mot, un petit mot de tout ça à n'importe qui me vaudrait une analyse pour suspicion de déficience et provoquerait ma perte.

16.

Dans la chambre de Sacha il fait une chaleur torride. Il a poussé le régulateur thermique à fond pour nous réchauffer. Il a tenu à me prêter des habits, si bien que je porte à présent un de ses larges pulls, ainsi qu'un pantalon de toile noire dont j'ai dû resserrer les liens.

Après ce qui vient de se passer avec Anthony, je trouve réconfortant de me retrouver au calme, au sec, au chaud, dans des vêtements confortables. Sacha a rapproché la petite table du radiateur et il s'assoit sans me lâcher du regard. Je n'ose pas lui demander de rejoindre la coupole : nous venons de nous baigner ensemble, ça serait ridicule. Il finit par briser le silence :

— Tu me dois une explication.

— Oui. C'était bizarre, non ?

Je tente de prendre un air amusé, mais ça ne le fait pas rire.

— Je te laisserai le temps qu'il faut, fait-il.

Je réfrène un soupir de soulagement. Je n'ai pas envie de parler d'Anthony et de notre compétition, des trois semaines qu'il nous reste, de mon état étrange, de Ruby. Rien ne presse.

— Tu veux du café ? propose-t-il nonchalamment.

— Non, merci.

— Oh si, tu en auras besoin. La soirée risque d'être longue...

Il se lève et se dirige vers le coin de la pièce où se trouvent la trappe d'accès, la commande murale et la petite console. Il actionne un bouton métallique, ce qui déclenche un ronronnement. Puis il fait glisser ses doigts sur le tableau de bord de la console et sélectionne l'option « café ». Je l'observe avec curiosité. C'est la première fois que je vois ça dans une cellule de détention. La console se déverrouille, et lorsque Sacha l'ouvre, je découvre deux timbales sur une tablette translucide. Puis il appuie sur un autre bouton, et un liquide noir et fumant se met à couler d'un des tubes de plastique. « Ils ont essayé d'améliorer son confort comme ils ont pu », me dis-je. Je me retiens de demander si cette boisson contient vraiment de la caféine. Je sais que les déficients n'y ont pas droit.

— Bon sang ! lance Sacha. C'était quoi, ce cirque ? Pourquoi m'avoir ordonné de ne pas leur parler, de leur faire peur ? Tu veux ma mort ? Et pourquoi il a réagi comme ça, l'autre ? continue-t-il. C'est... c'est un rebelle ou quoi ?

— Ne t'énerve pas ! Anthony n'est pas un rebelle.

— Je ne m'énerve pas, je cherche juste à comprendre.

— Je veux seulement te protéger, Sacha. Anthony s'est mis en tête de devenir ton guérisseur, et de prendre ma place. J'espérais qu'en l'intimidant tu le ferais renoncer...

— Pourquoi tu ne m'as rien dit ?

— Je ne sais pas. J'ai l'impression d'être dans une impasse. Si tu ne guéris pas en trois semaines, Anthony va s'occuper de toi. Et si tu guéris...

Comment le formuler ? Il me fixe attentivement, immobile, les gobelets à la main.

— Vas-y ! fait-il, impatient.

Je m'emporte :

— Facile à dire ! Je ne sais pas de quoi tu as l'air en tant que digital ! Et si tu me dénonçais pour tout ce que j'ai fait avec toi ?

Il écarquille les yeux, et je sens mon pouls s'accélérer.

— Tu as peur que je te dénonce ? lâche-t-il, l'air déçu.

Il réfléchit un instant avant de dire :

— Oui, tu as raison ; je ne peux pas te promettre que ça n'arrivera pas.

Il apporte les deux gobelets et se met à me dévisager avec intensité, comme s'il venait de comprendre quelque chose.

— Donc, tu crois que tu en es une, finit-il par lâcher.

Je saisis ma tasse et plonge mon regard dans le liquide noir.

— Je ne sais pas ! Il s'est passé quelque chose le jour où tu m'as… embrassée.

Je me sens rougir et fixe les fines vapeurs qui se dégagent de ma tasse pour éviter son regard. Je m'empresse de préciser :

— Attention, il s'est passé *quelque chose*, mais rien de sentimental. J'ai eu peur, j'ai été surprise, je ne m'y attendais pas, et…

Je bois une gorgée, ne sachant pas comment m'exprimer.

— Et… ? s'impatiente-t-il, suspendu à mes lèvres.

— Lorsque tu m'as embrassée, j'ai ressenti des choses que je n'avais jamais ressenties avant, et ça m'a effrayée. Des émotions inconnues m'ont submergée ; c'était comme si, l'espace d'un instant, j'avais été déconnectée de toute réalité. J'ai réagi de manière violente, alors que c'est interdit.

— Mécanisme de défense, rétorque-t-il. Ruby avait le

choix entre te piloter le temps du baiser pour que tu gardes ton calme – mais ça aurait pu être trop risqué pour la suite –, et te laisser te défendre, extérioriser ta peur, pour te préserver du danger. Elle a opté pour la deuxième solution.

Ah… Ainsi, il est convaincu que c'est ma puce digitale qui m'a dicté ma conduite. Je rectifie :

— Tu te trompes, Sacha, Ruby n'a pas contrôlé ma réaction à ce moment-là. Mon programme a disjoncté à l'instant même où tu as posé tes lèvres sur les miennes. En tant que déficient, tu dois le savoir, non ? Quand ça nous arrive, on ne le devine pas, on en a la certitude.

Il reste bouche bée, affichant un air idiot. J'aurais pu l'assommer sur place que ça lui aurait fait le même effet. Je pense qu'il a enfin compris…

— Waouh…, finit-il par lâcher.

Je serre les poings, agacée. S'était-il imaginé que Ruby m'avait laissée le revoir, rester seule avec lui, me baigner en sa compagnie, sans broncher ? Il devait bien se douter que je n'étais plus pilotée !

Je lance :

— Ne fais pas l'étonné ! Tu savais très bien que quelque chose avait changé ce jour-là.

— Non… non, bafouille-t-il. J'avais vu en effet qu'il y avait un truc qui clochait, mais je ne te connaissais pas. Ça pouvait être dû à ton programme. Il y a autant de types de programmes que d'êtres humains. J'ai pensé que tu étais peut-être moins rigide que les autres. Mais de là à me douter qu'un simple baiser pourrait faire de toi une déficiente…

Je me mets à hurler :

— Je ne suis pas déficiente, Sacha ! Un déficient ne parvient pas à se contrôler. Moi, personne n'a rien remarqué.

— Tu es… une néo, alors ?

— Non ! Mes points de transfert brillent toujours.

Il fronce les sourcils comme si quelque chose lui échappait.

— Donc, tu n'es plus pilotée par ton programme, mais tu es toujours connectée à lui. Et tu gardes le contrôle de la situation et arrives à te comporter en digitale.

— Oui. Tu crois que mon programme a bugué ? Serait-ce un nouveau virus ?

— Si c'était un virus, une alerte aurait été transmise dans la base de suivi universelle.

J'insiste :

— Une nouvelle forme, maligne ?

Je tiens vraiment à trouver une explication logique à tout ça.

— Je ne sais pas..., fait Sacha. Peut-être.

Il se lève brusquement. Ça y est, il ne tient plus en place, c'est plus fort que lui. Il fait quelques pas en se grattant la mâchoire, songeur. Puis il se plante devant moi.

— Tu peux redevenir digitale d'un moment à l'autre, et me laisser tomber !

Il appuie ses poings sur la table et plonge son regard dans le mien d'une manière troublante. Ses traits se crispent tout à coup.

— Je te l'ai dit, poursuit-il dans un souffle, je ne veux pas te perdre.

Mon pouls s'affole, je baisse les yeux. Il a prononcé ces mots avec une telle intensité ! Mais je fais comme si je n'avais rien entendu parce que je ne vois pas ce que je pourrais répondre à ça. Je bafouille :

— Il... il faut qu'on trouve une solution, Sacha. Je suis supposée te guérir ; j'ai des comptes à rendre !

Je me tais : qu'est-ce que je suis en train de faire, bon

sang ? Je ne suis pas une déficiente, moi ! Nous ne sommes pas une équipe, censée combattre le système !

Alors, j'insiste :

— Je dois te guérir ! C'est le seul moyen que nous avons de nous en sortir. Ensuite, j'obtiendrai mon certificat d'exploitation, et toi, tu retrouveras une vie équilibrée. Tu seras libre !

Il me dévisage avec effroi.

— Je ne serai pas libre. Pas dans ces conditions. Jamais ! Tu le sais bien.

Je ne l'écoute pas. Je me dirige vers la porte, me force à l'ouvrir, lance un dernier regard derrière moi et m'en vais. Je garde en tête cette dernière image : une silhouette raide, un visage torturé marqué de tristesse. J'ai l'impression que mon cœur s'émiette. Très bien, ça m'aidera à trouver un moyen de le guérir au plus vite.

Parce que je ne veux pas ressentir ça une minute de plus.

17.

Il fait frais et humide dans les vestiaires. Je reprends mes affaires dans mon casier, essayant d'effacer l'image de Sacha de mon esprit. Je remarque mes cernes grisâtres dans un miroir. Il faut que je me repose un peu pour garder une allure convenable. Je vais rentrer chez moi, me doucher ; puis je m'affalerai sur mon lit et me réveillerai demain matin les idées plus claires. C'est ce que je devrais faire. C'est ce que je *dois* faire. Je m'observe encore une seconde dans la glace et décide de nouer mes cheveux encore humides pour dompter ma crinière.

Quand je m'apprête à refermer mon casier, un grincement me fait sursauter. Je tends l'oreille : quelqu'un arrive dans le vestiaire. Je lance :

— Qui est-ce ?

— C'est moi ! me répond-on d'un ton emprunté.

Anthony Eiffel ! Il surgit de derrière la rangée de casiers, affichant l'air de fouine qui le caractérise. Il rôde autour de moi tel un vautour survolant sa proie. Il me regarde de la tête aux pieds, jaugeant les vêtements de Sacha d'un air agacé.

— Le professeur veut te parler, dit-il d'un ton glacial. Nous t'attendons dans son bureau.

— À quel sujet ? Il est tard, je suis épuisée.

— À propos du déficient. C'est important.

Mon sang se fige, mais je tâche de garder mon calme. Anthony pivote sur ses talons et disparaît de ma vue. Je me précipite vers les toilettes et m'y enferme à double tour. Je m'assois par terre et me mets à réfléchir à toute vitesse. Je me sens prise au piège. Je tente de me raisonner. « Ça n'est peut-être pas si grave. » Je me relève péniblement et commence à tourner en rond dans la minuscule cabine. Que faire ? L'espace d'un instant, je m'imagine en train de m'enfuir à la hâte, pour ne pas avoir à affronter les deux hommes. Mauvaise idée ! Ça confirmerait leurs doutes éventuels. Enfin, je me décide à sortir de ma cachette. Je n'ai pas le choix ; je dois y aller.

Je parcours les longs couloirs gris d'un pas fébrile, le souffle court. La porte du bureau est entrouverte. Elle est ornée d'une plaque métallique, où l'on peut lire, gravé en grosses lettres :

PROFESSEUR H. NEVESS
Autonome classe 3 – Département Reboot Laemons Plazz

Je les aperçois, lui et Anthony, à l'intérieur.

— Jade ! Entre donc, dit le professeur en remarquant ma présence.

Je m'exécute, et il me fait signe de m'asseoir. La pièce est très belle. De grandes volutes en acier décorent un haut plafond qui part en pointe incurvée ; les murs sont d'un blanc immaculé, et non gris comme partout ailleurs au centre ; au fond, une grande baie vitrée offre une vue incroyable sur le côté ouest du parc – ce qui m'évitera d'être distraite par celle du lac, qui se trouve à l'est. Au loin, les grands immeubles gris de Laemons Plazz scintillent sous le ciel noir.

Je m'assieds sous le regard impatient des deux hommes.

— J'ai dû prendre une décision à ton sujet, annonce le professeur, l'air grave. Une décision qui est plus sage pour tous.

Son ton autoritaire me fait froid dans le dos, et le blanc des murs me paraît subitement virer au glacial.

— Tu ne reverras plus Sacha. Ton travail avec lui est terminé.

Hébétée, je m'agrippe à l'accoudoir de mon fauteuil. Il lâche ça sans ménagement, comme si ça m'était égal. Anthony approuve par des signes de tête agaçants.

— On s'est un peu emballés, explique Nevess. Je trouvais ça intéressant pour l'exploitation, mais, à bien y réfléchir, c'est trop dangereux pour toi.

— Mais... je ne comprends pas. Je vois Sacha presque tous les jours, fais-je enfin, et il n'est rien arrivé, tout se passe bien...

C'est Anthony qui m'explique :

— Sacha n'est pas dangereux pour toi *physiquement*. Mais nous pensons qu'il peut l'être autrement. Être en contact avec lui aussi souvent n'est pas une bonne chose pour toi.

— Jade...

Le professeur semble chercher ses mots, puis secoue la tête, comme si tout ça était évident.

— Les faits sont là ! Tu es restée dehors sous la pluie avec lui pendant une heure, au risque de tomber malade, tu réclames l'exclusivité comme si ta vie en dépendait, et voilà que tu portes ses vêtements maintenant ! J'ai une responsabilité en tant que professeur du centre, mais également en tant qu'ami de ton père, Jade. Que penserait-il de tout ça ?

Mon père ? Il ne penserait rien de tout ça ! Il ne pense jamais rien, de toute manière.

— Et puis… tu as pris sa défense lorsqu'il a défié Anthony. Tu n'as plus le recul nécessaire ! Cela devient dangereux pour toi, au point de compromettre ton avenir.

Je fusille Anthony du regard et articule péniblement :

— Sacha n'a pas défié Anthony. C'est lui qui l'a provoqué !

— Là n'est pas la question, Jade, rétorque Anthony. On doit se soutenir devant les patients, et non prendre parti en leur faveur. C'est la règle numéro 1.

Je reste sous le choc. Puis je me ressaisis : c'est trop grotesque ! Ils me laissent me débrouiller seule pendant dix jours, et voilà qu'ils décrètent que c'est dangereux !

— Je vous assure que je fais la part des choses, dis-je. Je suis assez forte, et il a confiance en moi. Vous n'obtiendrez rien de plus sans mon aide.

Anthony vient s'asseoir sur un coin de bureau devant moi et croise les bras. Il me regarde d'un air inquiet.

— Réponds-moi sincèrement, Jade : tu commences à t'attacher à lui, n'est-ce pas ?

Je sursaute à l'idée qu'il ose penser ça, qu'il ose le dire !

— N'importe quoi ! Je ne te permets pas !

Je me tourne vers le professeur :

— Hugues ! Comment pouvez-vous le laisser dire ça ?

J'ai crié son prénom comme pour lui signifier que je ne suis pas une apprentie lambda. Je suis Jade Stone, la fille qu'il a regardée grandir, qui a toujours fait passer le reboot avant tout le reste, qui a vu sa mère mourir à cause de la déficience et qui a décidé de se battre contre ça.

EASY CASH

Nous achetons tous vos produits :

Informatique, jeux vidéo, consoles de jeux, dvd/cd, livr

télévision, appareil photo numérique,

téléphonie mobile, musique/sono, hifi,

bijoux en OR [illegible]

[illegible]

[illegible]

T I [illegible]

Numéro [illegible]

Code Désignation Qté [illegible]

05460427764[illegible] Livre

1 3,00

TOTAL (EUROS) 3,00

ESPECE [illegible]

Ticket [illegible]

Nos produits ne sont [illegible]

SIRET [illegible]

N°intra FR[illegible]

EASYCASH LE MEILLEUR DE L'OCCASION

Vous avez été servi par LIBRE SERVICE

Ticket 000216126 du [illegible] 16:01:35

En réalité, Hugues Nevess paraît aussi surpris que moi par les propos d'Anthony, ce qui me soulage un peu. Anthony comprend sans doute qu'il a touché un point sensible, car il enchaîne :

— On ne doit développer aucun sentiment à l'égard des patients, pas même de la pitié. Tu sais bien qu'il n'est pas vraiment humain, Jade. Tu prends cette mission trop à cœur. Crois-moi, je dis ça pour t'aider.

Il soutient mon regard avec une sincérité troublante, et je finis par comprendre qu'il n'est pas malveillant. Il se fait réellement du souci pour moi, ce qui est encore pire. Je me revois en train de le bousculer dans le couloir, je repense à mon hébétement face aux allusions de Von pendant l'entraînement, à ma nervosité lors de mon compte rendu, puis à ma demande d'exclusivité sur Sacha. Il a compris avant tout le monde. Il est intelligent, il ira loin.

Mais malgré sa perspicacité, il me fait presque de la peine : il sera toujours un pantin parmi d'autres pantins. Je dois afficher un air dubitatif parce que le professeur décide de m'achever, comme si c'était nécessaire.

— De toute façon, ça n'est pas à toi de décider, Jade. J'aurais dû refuser dès le départ. La décision est prise, tu ne reverras plus Sacha. Prends ça comme une façon de te protéger.

Je dois m'incliner. Contester paraîtrait trop… déficient. Alors que je m'apprête à me rendre, il me vient une idée.

— J'accepte, si telle est votre décision. Mais accordez-moi une dernière faveur.

J'essaie de dissiper les trémolos dans ma voix. Il ne faut pas qu'ils croient que je les supplie.

— Je veux le voir une dernière fois pour lui expliquer. Je lui dirai que mon travail s'arrête là et que je dois laisser la place à d'autres guérisseurs. Sans cela, il ne fera plus confiance à personne.

Les deux hommes s'interrogent mutuellement du regard.

— Ensuite, Sacha sera à vous, conclus-je. Vous avez ma parole.

Je regrette aussitôt cette dernière phrase. Je sais que tenir parole n'est pas envisageable. Je me sens mal à l'aise, honteuse d'essayer de les corrompre de la sorte. Puis ce sentiment est balayé par un autre : la peur. J'attends leur réponse comme si elle allait bouleverser le cours de ma vie. Ces sentiments extrêmes qui m'animent sont contre toute rationalité, j'en suis consciente. En nage, je m'efforce de contenir des tremblements nerveux. Alors que le professeur semble peser le pour et le contre, Anthony prend la parole :

— Ça ne changera rien pour lui, Jade. Je suis sûr qu'il ne te porte pas autant d'intérêt que tu en as pour lui. Tu n'es qu'un pion à ses yeux.

J'en ai marre, d'être prise pour un pion ! Je fulmine intérieurement et me force à penser à autre chose pour ne pas me jeter sur lui.

— Je t'accorde cette faveur, Jade, dit à cet instant le professeur.

Mon cœur manque un coup. Anthony s'exclame :

— Mais, professeur, nous ne pouvons pas…

— Ça suffit ! lance Nevess d'un ton sans réplique. Jade a très bien compris le problème. Je lui fais confiance. Elle reverra Sacha pour la dernière fois demain et lui expliquera qu'un autre travail l'attend ailleurs.

J'observe cet homme brave, vaillant, honnête, qui m'a toujours fascinée, alors que moi, sombre idiote, je m'apprête à rallier le camp ennemi. J'acquiesce poliment, et le professeur met un terme à l'entretien en me raccompagnant à la porte. Le calvaire prend fin.

« Non, me dis-je, il ne fait que commencer… »

Je sors dans le couloir, toute remuée, et je ne peux retenir des larmes de honte.

18.

Je rentre chez moi, me comportant comme un primo-robot, un de ces robots de première génération que l'on apprend à fabriquer en Petite Classe capable d'exécuter un ensemble de petites actions simples et coordonnées. J'agis de manière méthodique et ne m'autorise pas à réfléchir, pour ne pas disjoncter.

Je file vers ma chambre, attrape un grand sac au-dessus de mon armoire et y enfourne des vêtements, au hasard, sans me demander ce qui pourrait m'être réellement utile. Je passe dans la salle de bains et déverse le contenu de ma trousse de toilette dans le sac avant d'y ajouter tout ce que je peux de nourriture non périssable et de gélules en tout genre que je trouve dans la cuisine.

Je dépose mes affaires dans l'entrée et fonce dans les escaliers de l'immeuble. Je descends les marches quatre à quatre et freine brutalement lorsque je croise Mme Soone, une résidente du bâtiment F. Elle ne verrait pas d'un bon œil que je cavale dans les escaliers ; c'est si inconvenant ! Elle rend visite une fois par mois à son frère qui vit ici, dans le bâtiment V2. J'aurais dû savoir que je tomberais sur cette vieille folle, nous sommes le vingt-huit du mois, et il est dix-neuf heures. Mme Soone est pile dans les temps. Je la bouscule légèrement, et elle émet un petit « oh ! » outré. Je bafouille une excuse et descends plus calmement jusqu'à ce que je sois hors de sa vue. C'est une de ces vieilles dames aigries qui pourraient déclencher une alerte à la déficience pour rien. Mieux vaut rester sur ses gardes.

Arrivée dans les caves, j'essaie d'ignorer le bourdonnement sourd provenant des générateurs d'anti-gravité. Ils alimentent toute la tour en énergie, et leur bruit est infernal. C'est une des raisons pour lesquelles j'ai toujours admiré ma mère, qui travaillait toute la journée au centre de propulsion, au contact de ces cylindres d'anti-gravité en constante rotation. Ici, ils sont enfermés dans des caissons sécurisés, mais il n'empêche qu'on les entend gronder dans tout le sous-sol. Je me dépêche d'ouvrir la cellule V2-752 – ma cave personnelle. Je me mets à farfouiller parmi les vieilleries, bidons de peinture et outils en tout genre, pour finalement dénicher ma tente de camping. J'attrape deux sacs de couchage usés. Parfait, j'ai tout ce dont j'ai besoin.

Ça fait un quart d'heure que j'observe mon sac posé dans l'entrée, et que je réalise enfin ce que je m'apprête à faire. Il est encore temps de dire stop. Oui, je peux encore reculer ; il me suffira d'expliquer la situation à Sacha, et tout rentrera dans l'ordre. Il m'en voudra, bien sûr, mais une fois guéri, il oubliera.

Je vais me coucher. Mieux vaut que je plonge vite dans l'inconscience du sommeil. Celle-là, au moins, est tout à fait légitime.

À mon réveil, je dois me rendre à l'évidence : le sommeil ne m'a pas apaisée. Je me sens vaseuse, plus faible que jamais. Je file sous la douche, me savonne énergiquement de la tête aux pieds pour me stimuler. Quand je me sèche, un rayon de soleil perce la grisaille ; puis il se met subitement à pleuvoir. Je suis en train de me dire que je vais tout laisser tomber quand un arc-en-ciel se dessine devant moi, comme un signe.

À cet instant, Bug se met à miauler derrière moi.

— Oh, mon pauvre Bug, dis-je à voix haute, que ferais-tu sans moi ?

Non, je ne peux pas le laisser ! C'est totalement fou, de toute manière. Je regarde une dernière fois le sac gris… Ma décision est prise. Il est encore tôt et je ne commence mon service qu'à midi. Pas grave ; je vais tranquillement m'installer dans le canapé, avec une couette et un café serré. J'allume la télé en me disant que c'est quand même un soulagement de tout laisser tomber. Non mais, où avais-je la tête ?

Je passe d'une chaîne à l'autre en essayant de me persuader que je suis libérée d'un fardeau. Mais alors, pourquoi je me ronge les ongles ? Je pense : « Il faut sans doute un peu de temps avant que la pression ne redescende complètement. C'est pas grave si tu te ronges les ongles jusqu'au sang, tu évacues la tension de cette histoire grotesque ! »

À la télé, il y a un film à l'eau de rose, un de mes préférés lorsque j'étais plus jeune. J'ai toujours un pincement au cœur quand je le regarde, même au bout de mille visionnages.

Mais cette fois-ci, rien ne se passe. C'est plat, ennuyeux ; les expressions des acteurs me paraissent creuses et ridicules. Pourquoi ne l'ai-je pas remarqué avant ?

Arrive le moment où Yvan demande à Joanna s'il peut l'embrasser, et elle accepte avec gêne. Yvan sourit et se penche vers elle…

Écran noir ; on ne verra rien de plus. Normal : comment

deux inconnus jouant un rôle pourraient-ils s'embrasser ? Passage à la scène suivante : un gros plan sur le rapport positif du centre de compatibilité. Puis un zoom sur le visage heureux des personnages.

J'éprouve un certain malaise. Est-il possible que je n'aie jamais la chance d'aimer ? Que mon assiduité au travail me destine à un poste de gradé, à une vie de solitude ? Que tout soit déjà planifié ? C'est peut-être pour cela que le professeur veut me préserver de tout risque qui entacherait ma carrière. Mais je ne veux pas être une autonome ! L'image de Sacha me vient subitement en tête. Je me remémore son baiser, sa fougue, nos deux corps s'attirant et se repoussant à la fois. Ses doigts dans mes cheveux, la pression de ses mains sur mes hanches… Je me dis, troublée : « Jamais Yvan ne ferait ça ! » Je suis sûre que, même dans l'intimité, la plupart des gens n'échangent pas de tels baisers. Retrouverai-je un jour cette sensation ?

Excédée, je passe sur une autre chaîne. Un documentaire médical sur la déficience. Une voix off explique ce qui rend les déficients « incontrôlables, dépourvus de tout raisonnement logique… ». Des messages sont diffusés en boucle, incitant les gens à donner l'alerte si un de leurs proches présentait les symptômes fatidiques. Je lâche un soupir : suis-je prête à vivre dans ce monde ? Un monde où tout est figé : émotions, idées, destinées ? « Un monde sans Sacha ? » Je me ravise aussitôt : je dois le voir une dernière fois. Ça n'est pas le moment de flancher. Je prends Bug sous le bras, balance le sac sur mon épaule : ça n'engage à rien de les embarquer avec moi.

Je me rends chez mon père. J'ai encore une chose à régler.

19.

Aujourd'hui, c'est un jour *off* : un jour où aucun patient ne se réveille. Installés dans leur cocon de verre, ils n'ont manifestement pas envie de guérir. Je n'y vois aucun signe, ça arrive parfois. Alors, Déva et moi, nous mettons deux nouveaux déficients en isolation sensorielle et allons nous entraîner pour l'exploitation. Je me mets devant le simulateur de reboot et déclenche des perfusions factices, règle un faux champ de force, pianote sur un écran tactile… Je lance quelques projections spatiales, et le robot se met à remuer ses longs bras articulés à la recherche de leviers et de câbles à manipuler. Le travail est soigné, propre, précis ; pourtant la machine ne m'attribue que cinq étoiles sur six. Mon score est affiché en grand sur l'écran de contrôle.

— Mal réveillée ? me demande Déva.

Elle est assise à une table un peu plus loin et lit le dernier rapport continental sur les progrès du reboot. Elle me sourit puis retourne à sa lecture. Elle me fait confiance, elle sait que j'obtiendrai mon diplôme sans problème. J'ai senti que j'avais mis trop de temps lors de la recherche du code source sur le tableau de bord. J'obtiens toujours six étoiles d'habitude. Je mets cette petite erreur sur le compte du stress. Pour me défouler, j'enchaîne quelques prises d'autodéfense avec un mannequin-robot, que je maîtrise aisément. C'est tellement différent d'avec une personne en chair et en os ! Là, il n'y a pas de sentiments, d'émotions, de cœur qui bat... Je termine l'entraînement par un exercice d'informatique quantique. Je pianote machinalement en me disant que c'est peut-être la dernière fois que j'ai à traiter ce genre de données.

— Ne t'angoisse pas, me dit Déva quand j'ai fini.

Je lève la tête, surprise. Parvient-elle à lire le doute sur mon visage ?

— Tu auras ton exploitation sans souci.

— Je sais.

Elle me fait un clin d'œil.

— Et si tu échoues, tu auras la chance de repasser une année avec moi.

— Si j'échoue... Tu sais, il y a plein d'autres choses à faire ailleurs, dis-je d'un ton que je veux neutre.

Elle me dévisage : j'ai été trop loin.

— Tu es si pessimiste ! Tu es faite pour ça, Jade. Ton destin est ici, à Laemons Plazz.

Je me reprends :

— Bien sûr ! Tu es la meilleure alliée que je pourrais avoir. Je voulais te le dire. Merci pour tout.

Elle relève la tête, fière, et sa queue de cheval se balance. Je pense vraiment ce que je viens de dire. Déva est douce mais ferme, avenante mais professionnelle, douée et disciplinée. Une digitale accomplie, celle qui est mon modèle. Celle que j'aurais dû devenir...

J'entends un toussotement dans mon dos : Anthony se tient, bras croisés, à la sortie de la salle d'entraînement.

— C'est le moment, dit-il quand je passe près de lui.

Je réponds froidement :

— Oui. C'est le moment.

Pour la première fois, je me présente à la porte de sa cellule sans hésiter. J'appuie le doigt sur le détecteur d'empreinte et tourne franchement le regard vers le scanner rétinien. Je dois me montrer forte aujourd'hui.

Mais un seul sourire de Sacha suffit pour que je perde mon assurance.

— Tu viens toujours pour me soigner, lance-t-il, ou as-tu changé d'avis ?

Je reste sur le pas de la porte, les jambes en coton, essayant de rassembler mes idées.

— Entre, dit-il.

— Non. Allons tout de suite dehors.

Sacha me fixe, surpris, puis il répond, l'air de rien :

— Comme tu voudras. Profitons-en, il ne pleut pas aujourd'hui.

Au moment où il me rejoint dans le couloir, je me dis qu'on ne peut pas s'en aller comme ça. Je murmure :

— Attends ! Laisse-moi entrer quand même. Juste une minute.

Je réalise que, dans la panique, je n'ai élaboré aucun plan qui soit vraiment valable. Une fois à l'intérieur, je m'adosse contre la porte pour me donner une contenance.

— S'il te plaît, fais ce que je te demande sans poser de questions. Je te promets de tout t'expliquer une fois dehors.

Il hausse les sourcils pendant que je lui ordonne d'enfiler des vêtements supplémentaires. Pendant qu'il part se changer dans la salle d'eau, j'examine la cellule à la recherche de quelque chose qui pourrait nous servir. Je fourre dans ma poche un grand sac plastique qui se trouve au pied du lit, l'un de ceux dans lesquels on emballe le linge des patients. Sacha réapparaît ; il a superposé plusieurs couches de vêtements. Sa stature est plus imposante, sans être suspecte.

— Parfait, dis-je. Maintenant, dis-moi : si tu avais une chose importante à emporter avec toi, ça serait quoi ?

— Qu'est-ce que tu mijotes, Jade Stone ?

Il prend un air suspicieux mais je n'ai pas de temps à perdre. J'insiste :

— Réponds-moi. Qu'est-ce que tu aimerais emporter avec toi ?

— Rien.

— Rien n'a d'importance pour toi dans cette pièce ?

— À part toi ? Non.

Je me sens rougir, mais je fais semblant de ne pas avoir entendu, et nous nous en allons. Manifestement, il n'a pas compris ce que j'avais l'intention de faire. Même pour lui, une telle chose n'est pas envisageable.

Une fois dehors, il lance avec impatience :

— Veux-tu bien m'expliquer, Jade ?

Il passe un doigt entre son cou et ses nombreux cols ; il semble suffoquer.

— Donne-moi un de tes pulls, lui dis-je.

Il s'exécute. Dès que je noue son sweat autour de mes hanches, je sens mon pouls s'accélérer : parce que la chaleur qui imprègne le tissu me réchauffe les reins, et parce que c'est le moment de tout lui dire.

— Ce qu'il y a, c'est que… le professeur ne veut plus que je m'occupe de toi.

Sacha me fixe, incrédule.

— Plus jamais. C'est censé être la dernière fois que nous nous voyons, Sacha.

— Il est au courant pour toi ? bredouille-t-il, hébété.

— Non.

— Alors... pourquoi ?

— Le professeur s'inquiète pour moi. Il trouve ça trop dangereux. J'ai tout essayé pour le faire changer d'avis, mais sa décision est prise.

Son visage se décompose. Mon cœur bat à cent à l'heure.

— Trop dangereux ? Tu leur as dit quoi, au juste, Jade ?

— Rien ! Je n'ai jamais rien dit qui puisse les inquiéter ! En fait, je crois que c'est Anthony qui les a alertés.

— Anthony Eiffel ? lâche Sacha.

Un éclair de haine traverse ses prunelles. L'air furieux, il s'élance d'un pas déterminé vers l'entrée du bâtiment.

— Sacha ! Arrête !

Je me mets à sa poursuite et tente de le retenir par le bras, en vain. Il me repousse sèchement.

— Je m'en fous ! Je suis condamné de toute manière. Alors, il aura ce qu'il mérite. Tu ne sais pas de quoi je suis capable, Jade !

Je ne m'attendais pas à ce que ça soit si important pour lui. Je ressens une sorte de satisfaction égoïste ; puis je me ressaisis. Il va tout foutre en l'air ! Je le rattrape, lui barre la route et plonge mon regard dans le sien.

— Non, Sacha, dis-je dans un souffle. S'il te plaît.

Il s'immobilise un instant, semble hésiter, puis me contourne et repart de plus belle.

— Alors, quoi ? braille-t-il tout en avançant. Je vais le laisser tout gâcher ?

— C'est toi qui vas tout gâcher si tu continues !

Il freine brusquement et me fixe dans les yeux.

— Tu ne comprends pas, Jade ! Tu es la seule personne sur qui je puisse compter. Tu es la seule qui... tu es la seule, point. Je tiens à toi, et je ne veux pas te perdre, je te l'ai déjà dit. C'est aussi simple que ça.

Sur ce, il se rue vers le bâtiment. Plus que quelques mètres et il sera à l'intérieur.

Je m'écrie :

— STOP ! J'ai un plan, Sacha ! J'AI UN PLAN !

Il s'arrête, mais ne se retourne pas, prêt à repartir.

— Quel plan ? Il n'y a pas de plan possible ; inutile d'essayer de gagner du temps.

— Je t'assure que j'en ai un ! Il faut que tu te calmes. Anthony n'en vaut pas la peine, Sacha, ce n'est qu'un pantin. Tu ne peux pas lui en vouloir.

Il se retourne enfin. Il a un air révolté, dur, effrayant. Je m'affole : je n'ai pas la moindre idée de ce que je dois faire. Sans dire un mot, il s'approche de moi : il vient de capituler ! Je pose ma main sur son épaule et la tapote d'un geste maladroit. Il me fixe intensément, ferme les yeux et pose son front contre le mien. Il prend une profonde inspiration ; je sens son souffle chaud me caresser le visage. Pendant un moment nous restons là, front contre front, immobiles, silencieux. Cette proximité soudaine me fait tout drôle ; j'ai les jambes en coton. Je supplie que personne ne puisse nous apercevoir du centre, car, même avec la meilleure volonté du monde, je n'arrive pas à me détacher de Sacha.

20.

— Qu'allons-nous faire ? murmure Sacha.

Je fais un effort surhumain pour parvenir à me décoller de lui. Je reprends mes esprits et recule d'un pas en évitant son regard. Je lance un coup d'œil en direction du bâtiment. Personne n'en sort en courant : on ne nous a pas vus.

— Viens par là, dis-je en l'entraînant vers le lac.

— Jade, il faut que tu me dises ce que tu comptes faire.

Il s'arrête et me fixe droit dans les yeux.

— As-tu vraiment un plan ? Dis-moi que tu en as un, ou je vais devenir dingue !

— Oui, j'ai un plan.

Nous nous enfonçons dans le parc. Je n'arrive pas à lui dire clairement mon idée de fuir ensemble. Il va trouver ça dingue. Il s'impatiente :

— Tu me rends nerveux, Jade !

Maintenant. Je dois lui dire. Mais il est tellement agité qu'il ne peut pas s'empêcher de parler à ma place. Je finis par l'interrompre :

— Je veux que nous partions d'ici. Tous les deux.

— Partir d'ici ?

— Oui. Nous pourrions traverser le lac salé à la nage. De l'autre côté, il y a une forêt, pas de grilles, personne pour nous voir.

— Tu n'es pas sérieuse ?

— C'est tout à fait sérieux. Je ne plaisante pas. J'ai besoin de toi, et tu as besoin de moi. Tu te souviens : « On marche ensemble ! » Nous sommes une équipe.

Je m'efforce de me montrer digne, de garder mon calme ; je ne veux pas que la scène paraisse humiliante ou mièvre. Je refuse d'avoir l'air d'une gourde.

Sacha semble perplexe.

— Jade… Si j'étais complètement inconscient, je partirais avec toi tout de suite. Seulement, je ne peux pas. Moi, je ne risque pas grand-chose, mais toi ? Tu risques tout ! Que fais-tu de ton exploitation ? Si on se fait prendre, tu seras jugée comme déficiente. Ta vie ne sera plus jamais la même ! Et puis, s'enfuir pour aller où ? Non, je ne te laisserai pas tout gâcher.

— J'ai bien réfléchi à tout ça ! dis-je en dépit de la réalité. Je suis sûre de mon choix. Je veux fuir, ma place n'est plus ici. De toute manière, tu n'as pas le choix, c'est ça ou rien.

Voilà, l'ultimatum est lancé. Le temps presse !

— Ça sera rien, alors, lâche-t-il. Je ne peux pas faire ça ! Nous allons profiter de ces derniers instants, et ensuite je te laisserai tranquille. C'est la seule solution. Tu l'as dit toi-même, l'autre jour. J'ai déjà fait assez de dégâts comme ça dans ta vie.

Je le regarde, interdite. Ma vue se trouble. Non, pas ça ! Je ne veux pas pleurer maintenant, ça serait trop ridicule ! Néanmoins, je ne me remets pas de sa réaction. Ainsi, il se fait parfaitement à l'idée de ne plus jamais me revoir… Et si Anthony avait raison ? Je porte peut-être plus d'intérêt à

Sacha que lui ne m'en porte... Dire que je pensais qu'il serait fier de me voir échafauder un plan d'évasion ! Je pensais qu'il me suivrait n'importe où.

Trop tard ! Une larme coule de mon œil, pour la énième fois en trois jours.

— Jade ! Ne pleure pas.

Il fait un pas vers moi. Je m'écrie :

— Laisse-moi !

— Ne pleure pas, s'il te plaît, répète-t-il. Je cherche seulement à te protéger. Tu seras plus heureuse ici. Sans moi.

— Plus heureuse ? Tu plaisantes ! Mais si tu te fiches de ne plus me revoir, alors, va au diable !

Quand je prends conscience de cette répartie minable, je m'empourpre de colère. Je le déteste ! Je me déteste. Mue par un élan soudain, je tente de m'enfuir. Il me retient, m'attire à lui d'un mouvement brusque et me presse contre son torse.

— Enfin, Jade ! Je meurs d'envie de partir avec toi, tu t'en doutes. Mais je ne veux pas que tu prennes ce risque pour moi. Tu vas détruire ta vie entière ! Je ne peux pas te laisser faire.

— Tu te trompes. C'est en restant ici que je vais foutre ma vie en l'air !

Il me tient par la taille tandis que je plaque mes mains contre son torse. Ça ressemble beaucoup trop à un comportement amoureux. Nous n'avons pas l'attitude de deux simples amis, c'est clair. Pourtant je n'arrive pas à le repousser. Je soupire :

— Je ne veux pas de cette vie, Sacha, et je ne la veux pas pour toi non plus ! Anthony deviendra ton guérisseur, et si dans sept mois rien n'a changé... tu l'as dit toi-même : ils vont te tuer !

Il baisse les yeux et me libère.

— Je trouverai une solution. Ne t'inquiète pas pour moi.

Je m'emporte :

— Sacha Fleery ! Réveille-toi ! Tu es un déficient, pas un pantin de Laemons Plazz ! De toute façon, si tu ne viens pas avec moi, je partirai seule.

Je me dirige vers la berge. Sacha m'emboîte le pas.

— Reviens, Jade ! Ne fais pas ça, tu vas le regretter !

Je ne l'écoute pas. J'entre dans l'eau et avance comme je peux. Je tremble de tous mes membres : que vais-je faire s'il ne me suit pas ? Traverser le lac à la nage seule ? Ça sera grotesque ! Mais il m'a tellement mise hors de moi que je ne peux plus faire marche arrière.

— Attends ! s'écrie-t-il enfin. Je viens avec toi.

Je pousse un soupir de soulagement. J'ai vraiment cru qu'il me laisserait partir seule.

— Ah bon ? fais-je, feignant la surprise.

Il me rejoint au bord de l'eau d'un pas résolu. Je sors le sac hermétique de ma poche et lui demande de mettre ses vêtements dedans. Il aura des habits secs pour la suite, et ça nous fera également une excellente bouée.

Nous n'avons pas un instant à perdre. Le lac salé est grand, et il nous reste moins de quarante minutes avant qu'on ne vienne nous chercher. Nous plongeons dans l'eau après avoir jeté un dernier regard en direction de Laemons Plazz. Sacha a raison : il ne risque rien, alors que moi, je quitte tout ce que j'ai.

Le chant mélodieux d'un oiseau attire mon attention. Il lance quelques trilles, puis s'envole vers le ciel, libre comme l'air. Alors que je flotte tel un bouchon à la surface du lac, accrochée au sac, Sacha me dépasse et je me noie dans ses yeux. Je n'ai jamais remarqué à quel point ils étaient bleus... Un bleu profond, ténébreux, on dirait un ciel d'orage en pleine nuit.

— Tu es sûre de toi, Jade ? C'est quelque chose d'extrêmement déficient ce que tu fais là, tu en es consciente ?

Je sais qu'il dit ça dans l'espoir de provoquer chez moi un choc. Mais le bleu indigo de ses yeux, et la vue des oiseaux libres, heureux, effacent la peur de la déficience. Je souris et m'élance dans l'étendue sombre.

Au début, nous tenons un bon rythme. Mais la berge est encore loin. J'essaie d'accélérer ; mes muscles commencent à brûler, mon souffle devient court. À mi-traversée, je vois que Sacha grimace de douleur, et je pousse vers lui le sac-bouée.

— Non, garde-le, halète-t-il.

J'insiste, et il finit par accepter. En échange, il me demande de grimper sur son dos. Épuisée, je m'exécute et m'agrippe à lui. Il reprend son souffle puis se met à nager vigoureusement, plongeant la tête dans l'eau à chaque brasse pour se donner de l'élan. J'agite les jambes en rythme avec les siennes pour l'aider à avancer. Nous ne sommes plus très loin de l'autre rive, mais l'effort devient insupportable. Je le libère de mon poids pour qu'il se repose. C'est à ce moment qu'un éclair aveuglant déchire le ciel. On se regarde, inquiets.

— Remonte ! lâche-t-il. Nous y sommes presque, ça va aller.

Quelques minutes plus tard, nous foulons les premiers galets, à bout de souffle, chancelants. Nous nous effondrons sur le sol, côte à côte, inspirant et expirant à l'unisson. Sacha se met à rire nerveusement tandis que je souris, fixant un coin de ciel au travers de la cime des arbres. Un nouvel éclair déchire l'obscurité, suivi d'un coup de tonnerre. Je me relève, essayant d'ignorer les protestations de mes muscles meurtris.

— Il faut y aller, Sacha. Nous allons devoir marcher un moment dans la forêt.

Nous nous enfonçons sous les arbres à vive allure, alors que les premières gouttes s'abattent sur la terre.

21.

À la sortie de la forêt, j'ai l'impression d'avoir été passée dans une machine à laver. Pas une de celles nouvelle génération, qui utilisent un mélange d'ions et d'ozone, mais un de ces modèles à l'ancienne qui font un vacarme assourdissant et lavent avec de la lessive chimique. Ma peau est rugueuse ; on dirait du linge agressé par des détergents. Je suis complètement débraillée, chiffonnée ; j'ai les cheveux emmêlés, pleins de feuilles et de brindilles ; je dois faire peur à voir. Mon pantalon est plein de boue et mon tee-shirt me colle au dos. Quant à Sacha, cette cavalcade sous la pluie lui irait plutôt bien. Ses cheveux se sont hérissés sous l'effet de l'humidité et son tee-shirt trempé laisse deviner une fine musculature. J'ai envie de passer ma main dans ses cheveux afin de les ébouriffer un peu plus, mais je me retiens.

J'aperçois mon Blaster qui nous attend au loin, sur le bas-côté de la route, et je le montre à Sacha d'un regard. Une fois à son bord, je démarre en trombe et règle l'engin sur la conduite manuelle. Je ne sais pas vraiment vers où me diriger ; j'y réfléchirai en pilotant.

Les vitres se trouvent bientôt embuées, car nous haletons

tous les deux comme de petits chiens. J'active le régulateur d'humidité, et en une minute à peine nous voilà enveloppés d'une chaleur sèche dans l'habitacle de silicium photovoltaïque. L'énergie solaire nous permet de nous aventurer sur quelques chemins de terre, mais bien vite je dois rejoindre le cours d'un champ de force. Je me glisse entre deux autres Blasters sur un grand axe qui descend vers le sud.

Mal à l'aise dans mes vêtements dégoulinants, je me tortille sur mon siège. Je passe en mode automatique le temps de me nouer les cheveux en chignon, et je jette un coup d'œil à Sacha. Il est nerveux, comme d'habitude ; il lance des regards à l'arrière pour voir si nous sommes suivis. Nous avons beau nous trouver dans un cocon de chaleur apaisante, une atmosphère électrique règne autour de nous. Les éclairs, le tonnerre, la force du champ magnétique de la route, et puis… « nous sommes en fuite ! » je réalise pour de bon. J'ai l'impression que ce qui m'arrive est la chose la plus excitante du monde. Qu'importe la suite des événements à présent ! Au moins, j'aurai vécu ça.

— Nous pouvons encore faire demi-tour, dit Sacha d'un air contrarié.

Ses traits crispés me font penser qu'il n'est pas aussi enthousiaste que moi face à cette aventure. Il est inquiet. Il ne ressemble pas au Sacha que j'ai connu au centre, téméraire et effronté. Je cherche à savoir pourquoi, et je comprends lorsque je le vois scruter avec angoisse le tableau de bord : pour la première fois, ce n'est pas lui qui est aux commandes. Même enfermé en cellule d'isolement, il avait un certain contrôle de la situation ; là, il ne maîtrise plus rien.

— Tu n'aurais qu'à dire que j'ai réussi à t'enlever, reprend-il. Il n'est pas trop tard.

Je m'emporte :

— Arrête ! Nous n'avons pas fait tout ça pour rien ! Ça va aller, Sacha.

— Non, ça ne va pas : que fais-tu de tes proches ? Tu y as pensé ?

— Leur puce digitale les aidera à affronter la situation. Demain, ça sera déjà de l'histoire ancienne.

Il m'interroge du regard. Il ne sait pas à quel point ce que je dis est sérieux.

— Je t'assure, poursuis-je, je l'ai vécu pour ma mère.

Il me fixe longuement, comme s'il attendait une explication, mais je fuis son regard et me concentre sur la route, je ne veux pas en parler.

Nous continuons à suivre le champ de force en silence. Soudain, Sacha se redresse sur son siège en fronçant les sourcils.

— Tu as un kit de réparation ? me lance-t-il, l'air soucieux.

— Sous le siège.

Il se met à farfouiller, ouvre la mallette métallique et réfléchit un instant avant de choisir un tournevis plat. Puis, sans prévenir, il déboîte mon GPS d'un mouvement sec.

— Hé !

— Ça serait dommage que l'on puisse nous suivre à la trace, non ?

Il démonte entièrement le boîtier et en extrait la puce GPS, qu'il casse en deux et balance par la fenêtre.

Dire que je n'y avais pas pensé. Je pousse un soupir de soulagement : nous ne sommes maintenant plus localisables, quoi qu'il arrive.

Quand le jour commence à tomber, je sors de la voie principale et remonte un nouveau champ de force sur un chemin moins fréquenté. Il y a de moins en moins de Blasters et ça donne l'impression que nous sommes vulnérables sur cette route isolée. Je tente de me rassurer : tous les Blasters sont de taille, de couleur et de forme identiques. Je respire et tâche de me détendre un peu.

— Il faut qu'on se repose, dis-je. J'ai une tente, mais il pleut beaucoup trop. Nous allons dormir dans le Blaster ce soir.

Je choisis une route non magnétisée pour m'éloigner des axes principaux. Une demi-heure plus tard, nous trouvons un endroit désert, perdu au milieu des collines. Je gare le véhicule au pied d'un versant plongé dans l'obscurité. À travers le pare-brise du Blaster on voit les étoiles. Tout en contemplant le spectacle, je pense à ce que nous venons de faire…

Sacha sourit et me prend la main. Je me laisse faire : nous sommes maintenant soudés l'un à l'autre, par la force des choses. Puis nous abaissons les sièges, et nous nous pelotonnons, face à face, sans nous lâcher des yeux. Tant de choses passent dans notre regard ! Nous n'avons pas besoin de parler. Je sens mes paupières se fermer malgré moi. Sacha pose sa main sur mon front, me caresse les cheveux et me chuchote de m'endormir. Je sombre dans le sommeil, des étoiles plein les yeux.

22.

Je suis réveillée par une luminosité aveuglante. Je panique l'espace d'un instant ; puis le chant des oiseaux me rappelle où je suis. La première chose que je vois sont les yeux de Sacha posés sur moi, cette image fait écho à la vision que j'ai eue de lui avant de m'endormir. Je me souviens du climat qui régnait dans l'habitacle hier, et je suis mal à l'aise. Nous nous sommes dit tant de choses dans un regard ! Je mets ça sur le compte de l'importance du moment : après tout, il s'agissait là de la première nuit de deux fugitifs. Je grimace et me cache le visage dans les mains. Depuis combien de temps me regarde-t-il comme ça ?

— Bonjour, dit-il dans un souffle. Tu avais l'air de bien dormir.

Je tente de me recoiffer d'un geste et regarde dehors, ébahie. Je murmure :

— Cet endroit… C'est magnifique !

Je suis émerveillée. Nous nous trouvons au pied d'un versant ensoleillé, mais la colline rocheuse d'en face baigne dans une ombre glaciale. Entre les deux, une prairie parsemée de fleurs blanches accapare la lumière. Dans notre dos se dresse une forêt foisonnante. La scène est éblouissante.

Nous sortons nous dégourdir les jambes. Au passage, je jette un coup d'œil sur le reflet que me renvoie la vitre du Blaster : cheveux en bataille, vêtements poisseux, j'ai l'air d'une loque.

— Je dois me changer, dis-je. Viens, j'ai de quoi nous débarbouiller.

Je vais prendre quelques affaires à l'arrière du Blaster, me coiffe et me lave tant bien que mal le visage avec le reste d'une bouteille d'eau. Sacha se rince également, puis nous mangeons quelques galettes de riz et des fruits secs. Ensuite, après une brève hésitation, je décide de lui montrer *la chose*, celle qui réactive mon programme si je la touche : le porte-document en cuir. Nous marchons dans la prairie cotonneuse pendant que je lui en parle. L'herbe me fouette les mollets, les pétales blancs me caressent les genoux… C'est si agréable ! À notre époque, qui peut connaître un plaisir aussi simple ? Personne n'aurait l'idée de se balader dans une prairie pleine de fleurs.

Sacha examine l'objet, l'air dubitatif. Il le tourne dans tous les sens, puis finit par l'ouvrir. Mon pouls accélère, et je m'éloigne un peu. Ça n'est pas une blague, je ressens vraiment un malaise lorsque je m'approche de cette chose. Sacha me toise avec intérêt, puis referme le calepin.

— Je ne sais pas ce qu'il contient, dis-je en restant à l'écart. Toi, ça ne te fait rien, de le manipuler ?

— Rien du tout ! Ce n'est que du vieux cuir.

Il caresse la couverture et l'observe avec attention.

— Rien d'autre que du cuir, répète-t-il. Je ne comprends pas.

— Très bien. Alors, ouvre-le et dis-moi ce qu'il y a dedans.

Lentement, il soulève une feuille de papier griffonnée et la tend devant lui. Juste un bout de papier ! Je me sens un peu ridicule… Sacha tient le document du bout des doigts comme s'il était en feu ; puis, ayant compris qu'il n'y avait pas de piège, il le regarde avec déception.

— C'est une lettre, déclare-t-il.

— Oui. Je reconnais l'écriture de ma mère. Tu peux la lire ? fais-je fébrile.

Va-t-elle nous livrer une révélation ? Sacha s'exécute :

Ma chère Jade,

Si tu trouves cette lettre, c'est que tu auras fouillé dans mes affaires. Ça commence toujours comme ça : telle mère, telle fille ! Cet objet rare et précieux, venu des temps passés, est pour toi. Ce n'est qu'une goutte d'eau dans l'océan, qu'un vestige parmi tant d'autres, mais je te le transmets, comme un cadeau familial qui traversera les années. Fais-en bon usage. Je suis sûre que tu en seras capable. Je t'écris au travail, j'y retourne, les cartes de données magnétiques n'attendent pas !

— C'est tout ? dis-je lorsque Sacha a fini sa lecture.

Je tente de réfléchir à ce que je viens d'entendre, mais mes pensées sont confuses, embrouillées, car, l'espace d'un instant, je ressens de nouveau ce lien qui nous unissait jadis, ma mère et moi. Au bout de toutes ces années, ça me fait pourtant l'effet d'un coup dans l'estomac. Mais ce sentiment est éphémère ; et aussitôt, j'éprouve de la colère. Pourquoi a-t-elle fait ça ? Pourquoi ce qui sonne comme une lettre d'adieu ne tient qu'en quelques lignes insignifiantes ?

Soudain, quelque chose me frappe : ma mère parle de cartes magnétiques. Celles qu'on utilise dans les centres de cryptage pour conserver les données. Seulement je n'étais pas née à l'époque où elle y travaillait ! Elle a changé de travail bien avant ma naissance. Ça ne colle pas ! Je devine qu'il y a un sens caché dans tout ça…

— Qu'est-ce que c'est ? souffle Sacha. Un message codé que tu es censée déchiffrer ?

— Je ne sais pas !

Frustrée, je lui parle du problème de chronologie ; puis nous retournons au Blaster. Pourquoi m'est-il impossible d'approcher cet objet ? Sacha l'emporte à l'avant de l'engin et l'examine sous toutes les coutures, comme s'il allait lui dévoiler ses secrets.

Je mets le Blaster en route et sursaute : le détecteur de champ magnétique se met à clignoter, puis à siffler, de plus en plus fort. Cela indique normalement qu'une source magnétique se trouve tout près.

Or c'est impossible, nous sommes en pleine nature !

Alors, nous regardons le porte-document, ouvert sur les genoux de Sacha, à côté du détecteur magnétique.

Il y a quelque chose sous le cuir !

23.

Immédiatement, nous arrachons la couverture. Il nous faut à peine quelques secondes pour découvrir une bande magnétique cachée dessous, de celles qui contiennent une piste de lecture enregistrée par électro-aimant. Comme l'enregistrement des données s'effectue en codage binaire, il nous faudra trouver un lecteur de cartes. Nous nous regardons, les yeux étincelants, en cherchant une inspiration subite.

J'ai une idée qui est en train de germer mais il me faut d'abord vérifier quelque chose. Pour cela, je dois passer un appel. Nous devons regagner un axe principal avant. Si l'appel est localisé, nous pourrons nous noyer dans la masse. Ici, ça serait trop dangereux.

— C'est pour ça que tu ne peux pas t'en approcher ! dit Sacha pendant que je conduis l'engin sur les chemins de terre. Ta puce détecte le code magnétique de la bande et t'empêche de savoir ce qu'elle contient.

« Tout à fait », me dis-je. Ça doit être un truc dans ce genre-là. Et ça prouve que je ne suis pas folle.

Quand je rejoins le cours d'un champ de force, je déclenche la commande de transmission vocale et appelle Molly, qui travaille toujours au centre de cryptage. Elle ne devrait pas encore être au courant de ma situation. Avant de donner l'alerte et de lancer un avis de recherche, ils vont effectuer les contrôles d'usage. On n'aime pas trop faire de vagues au sein des centres de reboot. Je pense avoir au moins vingt-quatre heures avant de figurer sur la blacklist des cancellers.

J'essaie de croire à ce scénario au moment où j'appelle Molly.

— Allô, Jade ? fait-elle. Tout va bien ?

Je n'arrive pas à dire si le ton de Molly est suspicieux. Comme elle déborde d'énergie, elle a toujours l'air un peu affolé.

— Bonjour, Molly. Oui, tout va bien. Je voudrais que tu me rendes un service.

— Bien sûr, ma chérie. Je ne t'ai pas vue depuis si longtemps !

Elle ne sait pas. D'un geste, je fais comprendre à Sacha que tout va bien.

Je ne me gare pas sur le parking, mais derrière le centre de cryptage ; ça me paraît plus prudent. Nous contournons le bâtiment tête baissée en rasant les murs. Puis je me souviens de la démarche fluide et aérienne de Déva et je demande à Sacha de se décontracter, de se tenir droit, le regard fixe. Nous gravissons les marches du centre et arrivons sur un petit perron en acier. Le bâtiment forme un cube massif en béton armé.

Quand Molly nous voit arriver, elle se lève de derrière son petit comptoir, l'air ravi. Je suis tellement soulagée de voir un visage familier dans un moment pareil que j'ai envie de la serrer dans mes bras. Seulement, ça ne se fait pas.

Le plan est simple : je lui dis que mon ami a un souci de vision à cause de son cryptage rétinien, et que son contrôle annuel n'aura lieu que dans six mois (c'est la vérité, Molly peut le vérifier dans sa base de données). Ce genre de problème arrive parfois, mais les services de cryptage sont si débordés qu'il nous faut parfois patienter des mois avec une vision brouillée, Molly a toujours su nous rendre service pour ce genre de petites choses.

Nous la suivons dans le bloc de vérification oculaire. Elle installe Sacha sur la table de contrôle et déclenche un scan rétinien. La machine envoie un nombre incroyable de clichés internes de l'œil de Sacha. Fascinée, je regarde Molly travailler. Je me place derrière elle et lui pose un tas de questions sur les images holo qui se dressent devant nous, sur les données qu'elle modifie en temps réel par simple pianotage tactile. Passionnée du cryptage, Molly a toujours aimé satisfaire ma curiosité : elle me répond avec entrain.

— Ma mère me parlait tout le temps de son travail au centre de cryptage, fais-je d'un ton neutre.

Je ne me suis jamais apitoyée sur le sort de ma mère, et ce n'est pas maintenant, devant Molly, que je vais le faire. Ça semblerait louche.

— Ta mère était une grande analyste. Avant qu'elle ne devienne déficiente…

— Oui. C'est ce qu'on m'a dit. Est-ce que je peux… ?

— Oui, me coupe-t-elle. Vas-y.

C'est une sorte de rituel. À chaque fois que je lui rendais visite, je demandais à Molly la permission de voir l'ancien bureau de ma mère dont elle m'avait parlé comme d'un endroit fantastique. Ma mère me disait qu'un jour, quand j'aurais « fait mes preuves dans le monde », on me laisserait y entrer. Gamine, je voyais cette pièce comme un lieu secret, merveilleux, dont il fallait mériter l'accès. Aujourd'hui, je pense qu'elle voulait juste dire que si je ne présentais pas de troubles déficients après mon Transfert, on me laisserait entrer n'importe où sans se méfier.

À ma première visite, j'avais été déçue. Le bureau était froid, sombre, gris. J'y suis ensuite retournée une fois par an, à la veille de sa commémoration. Les jours où je me rendais au centre pour mon cryptage annuel, c'était différent. Tout est tellement protocolaire ici ! Le cryptage est un peu l'évènement de l'année. Nous recevons tous une convocation, notre nom est cité dans le journal ce jour-là, on nous attribue un numéro de passage, le code de bloc, l'heure d'arrivée, d'entretien, de préparation au cryptage, l'heure d'intervention, et celle de vérification. Tout est prévu à la minute près. Inutile de compter sur un temps mort pour s'éclipser dans le bureau.

Mais cette fois, en m'engouffrant dans les couloirs du centre de cryptage, je ne me dirige pas vers ce bureau. Toutes les machines qui s'y trouvent sont hors service depuis bien longtemps.

Je commence à transpirer. Je me sentais à l'abri dans le cocon de Molly. Ici, dans ces corridors sinistres, j'ai peur qu'on ne me démasque. Je croise un petit moustachu qui sursaute en croisant mon regard. Je tressaille aussi.

— Oh ! On ne vous avait pas vue depuis bien longtemps, lance-t-il. Passez une bonne journée, mademoiselle Stone !

Je ne dois pas paniquer, ni avoir l'air suspect, ma spécialité ces derniers temps… Je le remercie poliment et passe mon chemin. Je sais qu'il y a des lecteurs de bandes magnétiques au service des archives, je descends donc au sous-sol par l'escalier de service. Je n'aime pas les ascenseurs directionnels ; j'ai toujours peur de m'égarer. Une fois devant la porte d'accès, je sens un filet de sueur couler le long de mon dos. Il fait une chaleur étouffante ici. Je jette un œil à l'intérieur par un petit hublot pour évaluer mes chances de réussite. Je vois des box avec des lecteurs de bandes magnétiques, et une dame assise au fond, qui semble absorbée par son écran de travail. Elle doit passer ses journées à classer les dossiers de cryptage. Derrière, on aperçoit de longs rayonnages. Je tends la main vers la poignée… À cet instant, un homme habillé de gris, comme Molly, sort de l'ascenseur et suspend mon geste. Moi aussi je porte une tunique grise, mais un peu plus foncée. Je retourne un coin de tissu de ma blouse : ça devrait faire l'affaire. En deux secondes, j'enfile mes vêtements à l'envers. Je dois me dépêcher : Molly aura bientôt fini, puisque Sacha n'a aucun problème de rétine…

Je profite que l'homme accapare l'attention de la dame pour me faufiler dans un box. Tous deux se tournent vers moi brièvement ; puis ils se remettent à discuter. J'ai été tellement rapide – j'ai pris le premier box sur ma droite – qu'ils n'ont dû voir qu'une silhouette en gris, semblable à toutes les autres.

Je sors la bande de son emballage d'aluminium renforcé et la glisse à la hâte dans le lecteur. Je ressens une brève secousse – l'aluminium m'offrait une protection contre les ondes magnétiques émises par la bande – puis le décryptage commence. Les colonnes de chiffres défilent sur l'écran tandis qu'une banderole numérique indique : « Les données sont en cours de traitement. » Je ne peux m'empêcher de trépigner, comme si ça pouvait accélérer les choses. Les secondes qui passent me paraissent interminables. La machine sort enfin une feuille d'extraction de données, me rend la bande magnétique, que je remballe aussitôt. Je fourre le tout dans ma poche et m'essuie le front : il ne me reste plus qu'à courir jusqu'en haut.

Je me retourne et vois l'homme de l'ascenseur, qui me lance, l'air féroce :

— Qu'est-ce que tu fais là ?

Je sens mon ventre se creuser, ma gorge se nouer, puis l'adrénaline se déverse dans mes veines.

24.

— Je… je me suis perdue.

— Nous t'avons vue. Qu'est-ce que tu fabriquais dans ce box ?

— J'étais curieuse, c'est tout.

— Curieuse ? répète-t-il. J'en ai connu, des « curieux » dans ton genre !

Il sort une seringue et s'approche de moi. Je me mets à trembler de tout mon corps. La dame du guichet arrive en courant.

Je m'écrie :

— Non ! Non, regardez !

J'écarte mes cheveux et baisse mon col, dévoilant ma nuque. Je prie pour que mes points de transfert soient assez lumineux pour ôter tout soupçon et je ferme les yeux, attendant la sentence. Mais les deux gardent le silence. Je me retourne et leur dis :

— Alors, vous voyez ? Je suis guérisseuse au centre de Laemons Plazz. J'attends mon ami, il a un problème rétinien. C'est Molly Bram qui s'occupe de lui. Je vous assure que je ne faisais rien de mal. J'ai juste voulu faire un tour, ma mère travaillait ici avant…

J'hésite volontairement, puis prends un air contrarié.

— Avant qu'elle ne devienne déficiente. Elle s'appelait Véga Stone. Vous la connaissiez ?

Ils sursautent, un peu désarçonnés. Ils ont le regard vide, éteint. Leur programme doit être en pleine analyse des informations que je viens de leur donner. Mais ce que j'ai dit est cohérent. Et mes points de transfert sont sûrement luminescents, sinon ils m'auraient déjà piquée. Ils ne peuvent pas me reprocher grand-chose. N'empêche que je suis inquiète.

— Bien, finit par dire l'homme. Remonte et ne te balade plus ici. Je préviens Molly.

Dans mon affolement, je ne songe pas à prendre l'ascenseur – ce qui paraîtrait plus sensé – et je me rue vers la cage d'escalier. Je remonte les marches quatre à quatre, le cœur battant. Que va dire Molly ? Sacha n'a aucun problème de vue ; moi, on me retrouve dans les sous-sols, installée devant un lecteur magnétique... Elle risque de se douter de quelque chose.

Quand je rentre dans le bloc de vérification oculaire, je vois Sacha endormi sur la table d'opération. Molly a l'air bouleversée. Nous nous dévisageons toutes les deux pendant quelques secondes.

— Qu'as-tu fait, mon enfant ? souffle-t-elle.

— Rien, j'ai juste voulu faire un tour, et...

— Ton père vient de m'appeler, me coupe-t-elle.

Il me faut une seconde pour comprendre que je n'ai pas le choix. Je glisse la main dans ma poche, où j'ai une seringue de sédatif. Je ne voulais pas avoir à m'en servir tout de suite, surtout pas contre Molly, mais c'est inévitable. Elle est au courant de tout, et elle a utilisé sa dose pour endormir Sacha.

D'un geste fulgurant, je lui transperce la peau du cou en murmurant :

— Je suis désolée, Molly. Je suis malade…

C'est la seule chose que je puisse dire pour l'apaiser. Elle ne m'en voudra pas et mettra ça sur le compte de ma déficience. Comment lui expliquer les choses autrement en si peu de temps ? Je l'installe sur un fauteuil et l'embrasse sur le front. Je cours ensuite vers Sacha, et me voilà confrontée à un autre problème. Il faut voir les choses en face : je n'arriverai jamais à le porter jusqu'au Blaster. Physiquement déjà, ça serait difficile, et vu le nombre de gens qui circulent dans le bâtiment, on serait tout de suite repérés. Désemparée, je sors dans le couloir à la recherche de je ne sais trop quoi ; naturellement, je ne vois que des murs gris, du vide, et encore des murs gris. Puis je me souviens que certaines personnes sont emportées dans des coques roulantes, après le cryptage : ce sont celles qui ont besoin d'un temps d'adaptation après l'intervention. J'emprunte la blouse grise de Molly, car je remarque à présent un détail : le sigle comportant deux C, pour « centre de cryptage », cousu sur la poche de poitrine, et je fonce vers les salles de réveil. On me salue en route : il y a tellement de monde ici, les gens ne se connaissent pas entre eux. Je finis par trouver une coque abandonnée dans un coin. Je m'en empare et rebrousse chemin en courant.

Je m'y reprends à plusieurs fois avant d'installer Sacha dedans tant bien que mal. Une fois la manœuvre réussie, je pousse la coque vers la sortie de secours. En y arrivant, je vois une fille qui me regarde, l'air suspicieux.

— Voilà, monsieur, nous y sommes ! dis-je d'un ton enjoué. Nous allons prendre l'air cinq minutes, et tout ira mieux !

Je ne sais pas si ce genre de pratique est courant ; en tout cas la fille ne bronche pas.

Il s'est mis à tomber des cordes ; j'arrive au Blaster en

nage, et ça n'est pas une mince affaire de hisser Sacha dans la cabine. J'y parviens enfin et commence à faire n'importe quoi : au lieu d'actionner les essuie-glaces, je mets en route le chauffage, puis la climatisation. L'ordinateur de bord me bombarde de questions pendant que j'enfonce divers boutons à la recherche de la commande *drop-down*, qui permet de déployer une bulle de protection antipluie. À la fin, je décide de conduire l'engin manuellement, en coupant le système de navigation intelligente. Tous ces gadgets me donnent le tournis. Je m'insère sur le premier champ de force venu, et je peux enfin relâcher la pression. Je regarde Sacha : il paraît si paisible !

Pendant que le Blaster flotte sur le champ magnétique, je tente de rassembler mes idées. Ainsi, mon père est au courant. Et il a appelé Molly. Elle a dû dire aux autres que j'étais venue avec un « ami » pour un problème rétinien. Qu'est-ce qu'ils vont en déduire ? Au moins, mon père saura que je vais bien. Peu à peu, je commence à penser à tous ces gens que je laisse derrière moi, même si ma disparition ne les affectera que très peu, en fin de compte. J'essaie néanmoins de deviner la réaction de Déva. J'ai un pincement au cœur en imaginant la scène : elle froncera son petit nez et ses sourcils, coincera une mèche rebelle derrière son oreille, puis dira : « Elle avait pourtant toutes ses chances. Dommage. » Et la vie reprendra son cours. Anthony sera sans doute contrarié que je lui aie filé entre les doigts. Quant à Hugues… se sentira-t-il trahi ? Peut-être se dira-t-il qu'il aurait dû m'euthanasier, comme ma mère ? En tout cas, cet incident va entacher sa carrière d'autonome…

Je me force à ne plus penser à tout ça. J'ai promis à Sacha de ne pas avoir de regrets. Il faut que je raisonne de manière cohérente. Ils ont maintenant une piste : ils savent que Sacha et moi sommes allés chez Molly, et ils vont passer au peigne fin les grands axes. Je dois donc me débrouiller pour naviguer en dehors des champs de force. Seulement, pour cela je suis obligée de mettre du carburant, ce qui implique qu'on se rende dans une station Algo. Un plein d'huile d'algues permettrait au Blaster de parcourir environ quatre cents kilomètres dans la nature. La chose devient urgente : je peux encore faire une cinquantaine de kilomètres sur cet axe-là, pas plus. Après, ça serait trop risqué. L'alerte officielle va bientôt être lancée.

Sacha se met à gémir avant de se réveiller complètement. Je lui tends une bouteille d'eau et lui expose la situation. L'air hébété, il n'en revient pas que j'aie réussi à nous tirer d'affaire seule. Je lui raconte comment j'ai failli me faire pincer aux archives, comment j'ai anesthésié froidement Molly, pour ensuite la dépouiller de sa blouse, comment je l'ai transporté, lui, sur un chariot dérobé pendant qu'il était inconscient... Il trouve mes « exploits » fabuleux. Mais pour moi, tout ça n'a rien de glorieux.

— Je ne te pensais pas capable de faire ce genre de choses, lâche-t-il admiratif.

— Moi non plus, dis-je. Et j'ai pris trop de risques.

Oui, j'aurais dû attendre et trouver un autre moyen, un plan plus élaboré pour décrypter cette fichue bande.

Ah oui, la bande ! Elle est toujours dans ma poche, tout comme la retranscription des données. Aussitôt, l'excitation prend le dessus sur la culpabilité : après tout, je n'ai pas pris ces risques pour rien.

25.

Dès que je peux, je m'arrête au bord de la route et attrape mon digipad à l'arrière du Blaster. La succession de chiffres « zéro » et « un », caractéristique du codage binaire, nécessite un nouveau décryptage informatique. Je règle le digipad et pose la feuille dessus, bien à plat. La bande laser se met à balayer le papier, Sacha et moi la suivons des yeux, impatients. Puis mon digipad projette un hologramme sphérique d'un bleu vif qui inonde l'habitacle de lumière. Sacha s'empresse d'actionner la commande d'opacification des vitres, alors que je suis complètement absorbée par cette boule qui flotte au-dessus de nous. Bonne initiative : notre Blaster a dû prendre des allures de geyser bleu.

Je souffle :

— Qu'est-ce que c'est ?

— Aucune idée, répond Sacha.

Il tend les paumes sous la sphère, la frôle du bout des doigts avec curiosité comme s'il voulait la manipuler. Et ça marche ! L'hologramme se met à pivoter lentement.

— C'est une représentation de la Terre ! fait Sacha.

Exact : une masse plus sombre émerge du fond fluorescent, prenant la forme du Continent.

Je demande, surprise :

— Qu'est-ce que ça signifie ?

Nous faisons tourner la sphère éblouissante et l'examinons sous toutes les coutures. Le visage de Sacha est illuminé par un halo bleuté qui rend la couleur de ses yeux encore plus électrique. On se croirait dans un aquarium fluorescent.

Cette ambiance sous-marine me rappelle que nous avons besoin d'huile d'algues au plus vite et nous décidons d'un commun accord de mettre un terme à la projection.

Nous savons une chose désormais : nous sommes sur la bonne voie. Il était bien dans l'intention de ma mère d'enregistrer cette image sur une bande magnétique, de la dissimuler dans un vieux carnet de cuir que je devais trouver « quand je fouillerais ses affaires », mue par une curiosité anormale. Elle savait – ou espérait – que cela arriverait un jour. « Telle mère telle fille ! » avait-elle prédit.

Le soleil se couche, droit devant nous, et le ciel devient flamboyant à l'horizon. Une fois à la station Algo, j'essaie de me rassurer : quand nous aurons fait le plein, il ne nous restera plus qu'à filer dans la nature, loin de toute agitation.

— Il commence à faire sombre, dit Sacha. Personne ne fera attention à nous.

— Mais nous devrons rentrer dans la boutique pour payer !

— J'irai seul. S'il y a le moindre problème, tu te sauveras.

— Pas question ! Je viens avec toi.

— Du calme ! Je sais que tu veux des friandises, tente-t-il de blaguer, je t'en prendrai, promis.

— Je ne plaisante pas, dis-je d'un ton ferme. Où voudrais-tu que j'aille sans toi ? On est une équipe, Sacha.

Il fronce les sourcils, pensif.

— Eh bé… tu avais raison quand tu disais à Anthony qu'il en fallait beaucoup pour t'abattre. Tu es une dure à cuire.

Il a beau me flatter, je ne reviendrai pas là-dessus. Je ne le laisserai pas tomber, un point c'est tout.

— Bon…

Il réfléchit un instant, puis lâche, fataliste :

— D'accord, mais si quelqu'un nous repère, il faudra agir vite. Peut-être qu'on sera obligés de se débattre. Tu connais cette théorie qui dit qu'une personne sur dix seulement est capable de réagir face à la violence ?

— Ça n'est pas une théorie. La violence n'est insérée qu'à faible dose dans les programmes digitaux. Normal, vu les effets que ça a produits sur l'humanité… Une personne sur dix seulement, pour que plus jamais la violence ne puisse régner dans le monde.

J'ai l'impression de réciter un de mes cours de première année.

— Et tu dois être une de ces personnes, enchaîne-t-il, puisque tu as réussi à me repousser, la première fois que tu es venue me voir. D'où ce bleu que j'ai eu dans le dos. Une personne sur dix, et tu en fais partie !

J'encaisse le coup en silence. Mais je vois bien qu'il n'avait pas l'intention de me blesser. Il voulait juste souligner le fait que ça pourrait me servir en cas de problème.

— Et c'est encore plus facile pour toi, continue-t-il, maintenant que Ruby n'agit plus sur ton système nerveux. C'est ça qui t'a permis de faire toutes ces choses folles au centre de cryptage ! Tu as assuré parce que tu t'es fait *violence*.

Je réfléchis à ses paroles. J'aimerais pouvoir le contredire, mais il a raison : oui, j'ai dû « me faire violence ». J'ai dû me battre contre moi-même pour trouver la force d'affronter la situation.

— Alors, si nous sommes en difficulté, poursuit-il, je veux te voir exploser, comme…

Il se tait, cherchant un exemple.

— Tiens, comme lorsque je t'ai embrassée !

Et voilà, nous y sommes ! Ça faisait un moment que je n'avais pas repensé à ça, et je sens le feu m'embraser les joues.

— Enfin, comme cinq bonnes minutes *après* que je t'ai embrassée, précise-t-il comme pour insinuer que, avant, je m'étais laissé faire.

Il s'esclaffe, et ça me met hors de moi.

— Je te rappelle que tu ne m'as pas laissé le choix !

Il rit de plus belle, comme si j'avais dit une ânerie.

— Dans ce cas, si ça tourne mal, tu n'auras qu'à repenser à ça. À moins que, bien sûr, tu n'aies peur que ça te déconcentre, ce qui est envisageable…

Je lui assène un coup de coude en grognant. Il me regarde, l'air de dire : « Tu vois ! Une personne sur dix seulement peut faire ça. » Je le fusille du regard pour qu'il se taise.

— Plus sérieusement, reprend-il, s'il y a le moindre problème, il faudra exploser, donner des coups, griffer, mordre. Je suis sûr que tu en seras capable. Ils seront terrorisés, et ils ne bougeront pas le petit doigt.

— Sauf si un canceller est sur place. Avec du sérum.

— Dans ce cas… nous tâcherons d'être plus rapides que lui.

Pendant que Sacha fait le plein, j'observe les autres usagers avec la sensation pénible d'être encerclée d'ennemis. Alors que le réservoir se remplit trop lentement, je vois une femme, dans le Blaster voisin, qui ne cesse de m'observer. Je suis sûre qu'elle m'a reconnue ! Puis je me dis que c'est impossible car les vitres sont recouvertes d'un filtre depuis l'épisode de la projection terrienne. Sacha remonte à bord, la mine imperturbable ; j'aperçois cependant une goutte de sueur qui glisse le long de ses tempes. Nous nous garons près de la boutique et, quand je descends du Blaster, Sacha me prend par la main. Je me raidis et tente de maîtriser mon pouls qui s'accélère de manière dangereuse.

— Il faut qu'on ait l'air d'un couple ; comme ça, ils n'y verront que du feu, me souffle-t-il à l'oreille.

Je le dévisage, méfiante, mais je dois admettre qu'il n'a pas tort. Il passe son bras autour de mon épaule ; j'ai tellement peur que je me blottis contre lui. Mes narines s'imprègnent alors de son odeur, une odeur de musc et de menthe poivrée qui émane de son corps brûlant. Je ne sais pas s'il a de la fièvre ou bien s'il est nerveux, mais il est bouillant. Cette chaleur mêlée à son odeur épicée me donne le tournis. Nous avançons vers le guichet, et je n'ose pas regarder les gens de front. J'entends juste le brouhaha environnant : apparemment, on ne fait pas attention à nous.

— Détends-toi, chérie, susurre Sacha. Pas de méchants en vue.

J'essuie une goutte de sueur qui perle sur mon front tandis qu'il raffermit sa prise sur mon épaule comme pour me rassurer un peu plus. Alors que nous approchons de la file d'attente, je sens une nouvelle odeur, enivrante, qui me fait tourner la tête. Je balaie les lieux du regard : il y a un stand de pains au sucre sur ma gauche. J'ai si faim que ma vue se brouille. Nous n'avons rien mangé depuis hier, à part quelques fruits secs et une galette de riz. Et sans le contrôle de Ruby, je suis plutôt du genre insatiable. Je ne parviens pas à détourner mes yeux de ces brioches moelleuses.

— Nous irons en acheter après, me murmure Sacha.

Je le suis, docile, vers la caisse. Une fois dans la file d'attente, Sacha retire son bras de mon épaule. Je me sens tout à coup vulnérable. Les gens autour de moi peuvent à présent remarquer mes cheveux dorés, ma taille moyenne, ma silhouette menue, mon teint légèrement cuivré, mes yeux sombres, sûrement mentionnés dans l'avis de recherche, et j'ai la subite impression que mon visage est reconnaissable entre mille. Sans réfléchir, je saisis Sacha par la taille pour l'attirer à moi. Il me regarde, amusé.

Un humanoïde encaisse notre argent sans même nous lancer un regard.

J'hésite entre traîner Sacha vers la sortie pour fuir, et me ruer sur le stand de pains au sucre.

— Allons acheter à manger, tranche Sacha, comme ferait n'importe quel couple.

Il a raison. Même si je ressemble à la description de cette apprentie guérisseuse en cavale, personne ne s'attend à nous voir ici en train de nous goinfrer, insouciants. Et puis nous sommes suffisamment loin de Laemons Plazz maintenant.

Nous prenons un stock de nourriture à emporter, du café et des barres énergétiques. Je dévore une brioche et vais jeter l'emballage dans la poubelle la plus proche. En me retournant, je heurte une masse sombre. Je sursaute : un canceller haut de deux mètres se dresse devant moi. Son regard est dur, froid, perçant. Le sang se fige dans mes veines et je me retiens de me jeter à ses pieds pour implorer sa clémence.

— Pardon, finis-je par bredouiller en reprenant mes esprits.

Son regard dur s'atténue, puis il sourit.

— Ce n'est rien, mademoiselle, excusez-moi.

Je reste un moment pétrifiée : cette armoire à glace

n'aurait aucun mal à me maîtriser, même si je me mettais à griffer, hurler, ou mordre.

— Pourrais-je accéder à la poubelle ? s'impatiente-t-il.

— Bien sûr.

Je m'écarte et Sacha me saisit par le bras avec vigueur. Encore sonnée, je me laisse entraîner vers la sortie, la peur au ventre : et si, pris d'un doute, le canceller faisait demi-tour et nous sautait dessus ?

— Reste calme, me souffle Sacha en resserrant les doigts sur ma main.

Je hoche la tête, mais ma lèvre inférieure me trahit : je tremble.

— Tiens-toi droite, m'ordonne-t-il, et fixe un point devant toi. N'oublie pas, nous sommes des digitaux.

Je m'exécute. La porte de sortie n'est plus qu'à quelques pas. J'inspire à fond, j'expire, calmement. C'est bon, ça va aller. Le canceller n'a pas réagi ; je ne dois pas encore être recherchée. Je lève le visage vers Sacha et lui adresse un sourire confiant. Il me fait un clin d'œil ; puis son regard se fixe par-delà mon épaule, et il blêmit. Je tourne la tête et mon cœur a un raté : sur un écran digital flotte un hologramme de nos visages. J'ai le souffle coupé. Une banderole numérique défile en bas de l'image : « *Avis de recherche… Sacha Fleery… Jade Stone…* » Pas besoin de plus pour comprendre : la traque est lancée.

Bon sang, bon sang, bon sang !

Sacha me serre contre lui et accélère le pas sans dire un mot. Soudain, une main s'abat sur mon épaule. Sans réfléchir, j'y plante les dents avant de me retourner et de lacérer de mes ongles le visage de mon agresseur : le canceller que je viens de heurter. Je secoue la tête, sidérée par la violence de ma réaction.

Je l'ai assez surpris pour permettre à Sacha de se jeter sur lui sans qu'il le voie arriver. Les gens autour de nous se sont figés, choqués par la scène. Le colosse ne tarde pas à se ressaisir ; il projette Sacha au sol en beuglant. Mon sang ne fait qu'un tour, et je me jette sur lui comme si ma propre vie en dépendait. Ce qui est le cas…

Soudain, la brute m'empoigne et me plaque contre le mur si fort que j'en ai le souffle coupé. D'un mouvement sec, il m'écrase la gorge avec son avant-bras en décapuchonnant sa seringue. Je pousse un cri étranglé, tente de lutter, en vain. Cet homme est effroyable ! C'est donc ça cette sensation de désespoir et d'impuissance totale qu'éprouvent les déficients lorsqu'ils se font intercepter ?

Le canceller tient la seringue fermement, tel un pic à glace. Je serre les paupières, tellement cette image m'est insupportable.

Une agitation soudaine me fait rouvrir les yeux. Je vois que Sacha a empoigné la main du canceller. La pointe de la seringue change de direction. C'est une épreuve de force, un bras de fer impitoyable qui se joue entre lui et mon agresseur.

Cette grosse brute appuie de plus en plus fort sur ma glotte. Je suffoque ; mes yeux se révulsent.

Sacha me lance un regard affolé ; puis, dans un dernier accès de rage, plante la seringue dans la gorge du géant et appuie sur le piston. Sous le choc, le canceller écarquille les yeux et tombe comme une masse. Libéré, mon corps se relâche, je porte les mains à ma gorge et m'effondre à mon tour. Il allait me tuer, bon sang ! Je pleure de frayeur, de soulagement, d'écœurement.

Alors, seulement, une alarme retentit, entêtante, et je me redresse. Ils sont en train de donner l'alerte sur le site ! Sacha me soulève du sol et m'entraîne avec lui. Nous courons vers le Blaster sans nous poser de questions. Il m'installe à la hâte sur le siège passager, grimpe de l'autre côté et démarre en trombe. Je manque de m'évanouir : nous sommes loin d'être en sécurité ! Tout se confond dans ma tête ; je m'agrippe à mon siège en gémissant.

— Calme-toi, chuchote Sacha, à bout de souffle lui aussi. Tout va bien, maintenant. Tout va bien.

Il ne prend pas la peine de rejoindre la route magnétique et s'enfonce dans la nature sauvage. J'essaie de me convaincre que le cauchemar est vraiment fini.

En tout cas, pour l'instant, car la traque a commencé.

26.

Ne sachant pas où aller, nous décidons de chercher un point d'eau. Il nous faut un but ; sans cela, la panique nous submergerait de nouveau. Nous devons procéder par étapes. Et ce soir, il faut qu'on se trouve un coin tranquille pour nous remettre de nos émotions. Je ne m'autorise pas à réfléchir plus pour le moment.

En consultant la carte du Blaster, on repère une rivière dans la campagne proche. Nous passons sur un mode de conduite automatique et nous laissons guider. Comme il est impossible de rouler sur le revêtement instable, le Blaster replie ses roues, et nous flottons au ras du sol, ce qui demande plus d'énergie à notre engin.

Nous parcourons ainsi une trentaine de kilomètres à travers les terres sauvages avant que je n'arrive à reprendre le dessus. Ils ne pourront pas nous trouver ici : il n'y a aucun système de contrôle, et notre puce GPS a été détruite. Je recommence à respirer, et à sourire. Sacha paraît rassuré, lui aussi, mais il ne peut s'empêcher de me demander si je vais bien, de chercher sans cesse mon regard, de me toucher, et c'est maintenant à moi de le convaincre que tout va bien. Je me sentirais presque heureuse si nous n'étions pas traqués comme des criminels…

À présent que je suis apaisée, j'aimerais que l'on puisse se poser. Décompresser, se décrasser, manger. Dormir. Des choses simples, dont je comprends maintenant la valeur. Mon corps réclame ces satisfactions élémentaires, ce n'est plus un programme informatique qui me les impose.

J'ai hâte. Mes sens se mettent en alerte. Pendant que notre véhicule slalome, contournant les obstacles tant bien que mal, je tente d'apercevoir au loin des traces d'habitations. Mais l'endroit est désert. Sacha met le Blaster en mode manuel et déplie les roues alors que nous traversons une prairie. Nous nous dirigeons vers la rivière qui apparaît sur la carte digitale. Une fois dans une forêt, la conduite manuelle devient plus délicate. Nous rejoignons vite un sentier de terre et j'abaisse ma vitre dans l'espoir d'entendre le bruit de l'eau. Le vent s'engouffre dans l'habitacle ; je respire l'odeur de mousse fraîche, d'écorce centenaire, et je me sens revigorée. Un bruit cristallin nous indique que nous sommes proches du but.

Une barrière se dresse devant nous ; elle marque la fin du chemin. La rivière se trouve en contrebas. C'est ici, dans ce havre de tranquillité, que nous passerons la nuit.

Nous déchargeons mon vétuste matériel de camping : une tente à la toile délavée, des couettes pelucheuses, des sacs de couchage. Mais ça suffit amplement à nous satisfaire. Nous sommes excités et pleins d'entrain, oubliant presque que nous sommes en cavale. De toute façon, ici, nous ne craignons rien. Cela ne va pas durer, mais qu'importe, je veux profiter de ce moment.

Ce camping sauvage n'a rien à voir avec ceux que nous connaissons tous : encadrés, situés dans des endroits sécurisés. Enfants, nous sommes tenus de participer tous les ans à des camps. Je me souviens, nous découvrions alors les conditions de vie d'avant la Grande Époque : pas d'anti-gravité mais, à la place, des feux de bois pour se chauffer, faire griller la viande et bouillir l'eau. Pas d'électronique, de digipads, de Blasters, ou de nourriture en gélules. Pendant quelques jours, on vivait à la dure. Ces stages « dans la nature » étaient censés nous faire prendre conscience des choses que nous avions maintenant grâce au « développement pacifique de l'homme ». Nous faisions un tas d'activités comme faire notre propre pain, partir en randonnée dans les bois, faire du vélo dans la plaine, nager dans l'étang. Le soir, alors que nous étions complètement épuisés, on nous projetait toujours les mêmes films répugnants, montrant les absurdités de l'ancienne humanité. Nous étions écœurés, apeurés, et rêvions toutes les nuits du jour où l'on nous transplanterait pour enfin obtenir le salut en devenant digital. Je frissonne au souvenir de ces films monstrueux. L'homme pouvait-il être aussi inconscient ?

Sacha me sort de mes pensées en me frôlant l'épaule, et je tourne la tête vers lui. Il plonge ses yeux bleus d'acier, ténébreux, dans les miens et me lance un sourire renversant. Je ne lui ai jamais vu un air aussi détendu, heureux, apaisé.

— Tu viens ? dit-il.

J'acquiesce, en songeant que, définitivement, Sacha ne peut pas être mauvais. Je le regarde se diriger en aval de la rivière, vers un endroit isolé qui forme une petite cuvette au milieu des arbres.

— Ici, déclare-t-il en cherchant mon regard dans la pénombre. Ça te convient ?

— C'est parfait !

Nous montons la tente, puis Sacha entreprend de faire du feu. Pendant ce temps, j'empile les couettes dans la tente de façon à former un semblant de matelas. Je n'arrive pas à croire que nous allons dormir ici, au cœur de cette forêt. Seuls.

Je ressors de la tente et trouve Sacha assis près du feu, contemplant avec fascination les flammes chancelantes. Je me demande quel gadget du Blaster il a pu utiliser pour allumer un feu aussi vite. Ses prunelles étincellent, son visage est radieux. Il m'offre un sourire paisible, et je voudrais que cet instant dure éternellement. L'atmosphère est sereine pour la première fois depuis notre fuite.

— Viens, propose-t-il en désignant une place tout près de lui.

Je m'assois et la chaleur des flammes me réchauffe les joues. Je ressens un apaisement profond – est-ce ça le bonheur ? Je contemple la lune, entends résonner en moi le chant de la rivière et respire le parfum épicé de Sacha. Ce mélange de sensations me fait perdre pied et je sens une émotion nouvelle jaillir en moi. Je finis par identifier ce sentiment : j'ai envie de Sacha.

Je déraille, il n'y a pas de doute ! Comment pourrais-je être attirée par quelqu'un qui n'a plus de programme digital ? Quant au mien, il est sans doute sérieusement endommagé : je ne devrais pas détecter quoi que ce soit d'excitant chez ce garçon. Pourtant cette envie s'impose à moi, irrésistible. J'ai envie de sa peau, de son odeur, de sa chaleur, de son étreinte, de sa bouche. J'ai l'impression de brûler de l'intérieur.

— Tu sais de quoi j'ai envie ? me demande-t-il tout à coup.

Je sursaute et bredouille :

— Euh… non.

Il approche son visage du mien, lentement, et je crois me consumer sur place.

— J'ai envie de…, commence-t-il.

Son souffle me fait frissonner et j'attends, je ne sais pas quoi exactement, tétanisée par la peur ! Il reste figé, la bouche à quelques millimètres de mon oreille, puis il approche ses lèvres de ma joue. Sa respiration s'accélère. Je n'ose toujours pas bouger, pour ne pas lui sauter dessus. Je ferme les yeux et inspire le parfum subtil qui flotte dans les airs.

— D'aller me rafraîchir… J'ai chaud. Trop chaud, lâche-t-il en s'éloignant de ma joue.

Il fixe le feu un moment, l'air hagard, et je crois déceler un soupçon de déception dans son regard. Qu'attendait-il de moi ? Je voudrais me terrer dans un trou de souris ; il y a maintenant entre nous un malaise insurmontable. Il finit par se lever, fait quelques pas vers la berge puis se retourne en souriant :

— Tu viens ?

— Je… je vais chercher de quoi nous laver.

En remontant vers le Blaster je m'évente le visage avec les mains. Sacha a raison, il fait très chaud ce soir. Je prends les affaires de toilette à la hâte et, quand je regagne le campement, je le vois, debout dans l'eau, les mains dans les poches, observant les reflets du clair de lune sur la surface mouvante. Puis il enlève son tee-shirt, le lance dans l'herbe et se retrouve torse nu. Je ne devrais pas rougir, j'ai déjà vu tellement de déficients nus à Laemons Plazz…

Je panique : « Il ne va quand même pas se mettre nu ? » Non, il plonge, toujours vêtu de son short de toile beige. Ouf.

J'ôte ma blouse grise, mon pantalon et je me jette dans l'eau. Nous nous lavons, nous passant le savon et nous éclaboussant mutuellement.

Soudain, Sacha se met à me fixer d'un air étrange.

— Fais-moi voir tes points de transfert, dit-il. Je ne savais pas qu'ils… enfin… que c'était si…

Il s'interrompt et s'approche de moi. Je hausse les sourcils.

— Regarde, s'explique-t-il, il y a un halo tout autour de toi. Je le vois maintenant, ici, dans le noir. Tu n'es pas déficiente !

Effectivement, j'aperçois une onde fluorescente qui se déploie derrière ma tête et se reflète dans l'eau. Ça semble effrayer Sacha.

— Tu me fais voir ? reprend-il doucement.

Je me tourne et il se penche sur ma nuque. Il fait glisser ses doigts autour de mes points de transfert, comme s'il cherchait à comprendre quelque chose.

— Ça ne te fait rien, d'être ici avec moi ? chuchote-t-il à mon oreille.

Je me mets à paniquer : est-ce une question à double sens ?

— Je ne comprends pas…

— Je veux dire…

Il me retourne vers lui et plante ses yeux dans les miens.

— On n'a pas eu le temps de parler de tout ça, mais… tu es toujours digitale, que tu le veuilles ou non. Ton programme doit avoir une défaillance, due peut-être à un virus, mais il est toujours là. Il est actif ! Tes points brillent à des kilomètres ! Ta carte digitale est toujours active, Jade, tu peux rebasculer d'un moment à l'autre !

— Non, fais-je d'un ton cinglant. Tu sais très bien que je ne suis plus comme *eux*.

Je me sens vulnérable, comme si tous mes efforts, tout ce que j'ai accompli depuis que je le connais, ne valaient rien.

— Alors, dis-moi clairement : pourquoi t'es-tu enfuie avec moi ? Je veux que tu le fasses maintenant, parce que je ne sais pas quand ton programme va se remettre à jour, ou quelque chose comme ça. J'ai besoin de savoir, tant que tu es encore… toi.

Je m'agite, mal à l'aise, et me mets à piétiner la vase. J'ai l'impression de ressembler à Sacha lorsqu'il est nerveux.

— J'ai fait ça parce que… je ne me sens plus en phase avec les autres digitaux… c'est tout.

— Tu crois que c'est à cause de notre baiser ? Alors, un simple baiser peut faire basculer n'importe qui ? Ils n'auraient pas pensé à ça, dans leur génie, les programmateurs ? Il y a quelque chose de spécial entre nous, tu le sais bien !

— Je… je n'ai aucune idée de ce qu'il s'est produit ce jour-là, et je ne veux pas creuser le sujet. Ça a changé les choses, c'est tout. Je ne veux pas savoir. Et tu devrais laisser tomber toi aussi.

Je comprends parfaitement ce qu'il a voulu dire : il y a encore cinq minutes je le désirais, bon sang ! Pourquoi m'est-il si difficile d'en parler avec lui ? Ça ne me pose pas de problème d'habitude avec les autres garçons. Être digital est pratique en ce sens que la peur nous est quasiment inconnue lorsque l'on fréquente quelqu'un. Tout est simple. Là, avec Sacha, avouer quoi que ce soit me paraît insurmontable.

— Je te l'ai déjà dit, fais-je d'une voix plus douce. C'est compliqué en ce moment pour moi. Je ne veux pas en discuter.

— Alors, viens, murmure-t-il, on va se sécher près du feu.

Pendant le reste de la soirée, nous parlons d'autre chose tout en faisant griller la nourriture achetée à la station Algo et celle que j'ai emportée avec moi. C'est très amusant ; et puis, je préfère garder les pilules nutritives en cas d'urgence. Au dessert, je mange un pain au sucre, puis nous éteignons le feu et allons nous coucher. Sacha s'endort immédiatement, mais moi, je réfléchis.

Je ne suis pas digitale ; Sacha a beau dire ce qu'il veut, je sais que je ne le suis plus. Du moins pas exactement. Je ne suis pas une néo, vu que Ruby est toujours là. Je ne suis pas non plus une simple déficiente, puisque je sais me tenir et que cette puce digitale se manifeste toujours, comme pour m'avertir qu'elle peut reprendre le contrôle à tout moment.

Le temps passe ; je suis morte de fatigue, et pourtant je ne m'endors pas. Alors, je sors me dégourdir les jambes et vais me réfugier dans le Blaster.

Je décide de redéployer la projection terrienne. Je me cale sur le siège et regarde la boule tourner lentement sur elle-même. Cette lumière bleue est apaisante, elle me berce et me rassure. Au bout d'un moment, je me dis qu'il est temps que je retourne à la tente. Je crois que j'arriverai à dormir maintenant. Il me fallait juste revoir cette grosse boule bleue pour me rappeler que quelque chose nous attend ailleurs. Le Continent est si vaste, il y a bien un endroit où nous nous ferons oublier. Je garderai mon identité, puisque j'y arrive déjà, alors que mon programme est toujours actif. En fait, je réussis à cohabiter avec ma puce digitale sans qu'elle me contrôle, et sans que je devienne complètement cinglée, à l'instar des *vrais* déficients. Je me sens apaisée ; j'ai le sentiment que tout ira bien.

Mon regard s'attarde sur la bande magnétique, posée sur le tableau de bord.

J'ai envie de réessayer, parce que c'est quand même étrange. La cohabitation avec Ruby ne sera parfaite que si toucher cette bande ne me fait plus rien.

— D'accord, Ruby ? dis-je à haute voix.

27.

À l'instant où je défais l'emballage d'aluminium, une onde violente me traverse le crâne. Je lâche tout en bondissant sur mon siège. J'avais oublié la violence de ces ondes magnétiques.

Mais ça va maintenant, je ne sens rien d'étrange se passer ; je crois que c'était une sorte de réflexe de mon programme. Une surchauffe ? Je regarde dans le rétroviseur et vois toujours un halo vert qui irradie dans mon dos. Non, mon programme n'a pas encore disjoncté. Je suis en train de cohabiter avec lui de manière pacifique. Super. Je tente de me rassurer : « Tout va pour le mieux. »

Je coupe la projection terrienne et reste dans le véhicule, n'osant pas bouger. J'allume le plafonnier, et tout à coup je trouve ça effrayant. Je ne vois rien au-dehors ; n'importe qui caché dans les bois – une bête, un homme, ou encore Sacha – pourrait être en train de m'épier sans que je m'en aperçoive. En fait, je réalise que c'est l'occasion idéale pour m'enfuir.

Une décharge nerveuse me parcourt le corps. Viens-je vraiment de penser ça ? C'est bizarre… J'ai l'impression que la situation va basculer, et je ne peux rien y faire. Je ferme les yeux et des images se mettent à défiler dans ma tête : mon père, désemparé par ma fuite ; Molly, qui a sombré dans un coma artificiel, allongée sur un lit d'hôpital ; Hugues Nevess, que j'ai déçu plus que quiconque ; Déva, dont la carrière de tutrice est maintenant compromise. Je vois Bernie le gardien, qui se désole parce que lui le premier trouvait que c'était « une mauvaise idée », et Anthony, contrarié parce qu'on ne l'a pas cru alors qu'il avait cerné les choses bien avant tout le monde.

Même Bug, tapi sous le fauteuil de mon père, émet un miaulement dans mon crâne.

Je m'empare d'une lampe torche dans la boîte à gants : elle me servira si je dois courir dans les bois.

Je me ressaisis : « Non, elle me servira pour regagner la tente. »

Bon sang, pourquoi je m'inflige tout ça ? Je suis ici, seule au milieu de la forêt, je n'ai aucun but, j'ai quitté ma famille, je ne suis qu'une lâche. Et puis, je n'ai pas envie de passer le restant de mes jours avec Sacha. Ce n'est qu'un égoïste ! J'aurais dû m'en rendre compte à la minute même où il m'a embrassée de force. Depuis le début, je prends des risques insensés pour lui et je réalise seulement maintenant à quel point il m'a manipulée. Il est malin : voilà qu'il est libre ! C'est moi, la sotte de l'histoire, celle qui passe pour faible, qui a perdu sa famille, son emploi, sa vie.

Furieuse, je fixe le porte-document de cuir qui traîne à mes pieds. Ma mère était fantasque, malade ; elle avait une imagination débordante, d'où cette histoire de codes secrets et de messages mystérieux.

Oui, je vais m'enfuir. Tout de suite ! Je rassemble mes idées : nous sommes au bord de la rivière Corey. Le village le plus proche est Lockvill, j'irai là-bas et donnerai l'alerte. Je dirai que Sacha m'a enlevée, et proposerai mon aide pour le retrouver. Ma vie reprendra son cours normal, comme avant.

Sans plus attendre, je mets le Blaster en route, le règle en mode manuel… Soudain, la portière s'ouvre à la volée.

— Qu'est-ce que tu fais ? crie Sacha.

J'appuie sur l'accélérateur, mais il reste accroché à la portière. Je hurle, paniquée :

— Laisse-moi !

Il a compris que j'essaie de m'enfuir !

— Arrête, Jade ! supplie-t-il. Arrête ! Tu n'es pas dans ton état normal, je sais ce que ça fait. Il faut que tu sois forte.

J'enfonce la pédale, et il finit par lâcher prise. Je pars en marche arrière ; dans la lumière des phares, je le vois s'étaler dans la boue, puis se relever d'un bond et se mettre à courir vers moi. Cette image se rétrécit au fur et à mesure que je m'éloigne : ça ne sera bientôt qu'un mauvais souvenir.

Je me sens dévier : la conduite en marche arrière n'a jamais été mon fort. Je freine à deux pas d'un arbre. J'essuie mon front trempé d'un revers de la main et souffle un bon coup avant de rappuyer sur l'accélérateur. Malheur ! Les pneus se mettent à patiner avec un crissement strident : je suis embourbée ! Je tente de rétracter les roues et d'enclencher le mode « flottaison », en vain : l'ordinateur de bord me pose mille questions, car il estime que je dois garder un peu d'énergie pour atteindre le prochain champ de force. Il veut s'assurer que la manœuvre est bien nécessaire.

Je fulmine. « Saleté de technologie ! » J'entends Sacha crier au loin. Je saute à terre : je vais devoir m'enfoncer dans les bois pour le semer. Je sais qu'il va me poursuivre ; par chance, la forêt est vaste, et il fait noir. Je marche prudemment, pour éviter de faire trop de bruit – les feuilles desséchées par le soleil craquent sous mes pas. Mais au bout d'un moment je n'y tiens plus et me mets à courir presque à l'aveugle. Mes yeux se sont peu à peu habitués à l'obscurité, et la lune brille juste assez pour que je n'aille pas rentrer dans un arbre. J'entends toujours Sacha s'égosiller à pleins poumons et ça me rend nerveuse. Que va-t-il faire s'il me rattrape ? Il doit être fou de rage !

Il finit par se taire, mais ça m'angoisse encore plus. Tant qu'il criait, je pouvais deviner sa position ; maintenant, je ne sais plus où il se trouve. J'avance à pas de loup dans le noir. Un craquement sur ma gauche me fait sursauter. Je me fige, puis pivote lentement sur moi-même : personne. Je ne sais pas ce qu'il y a comme bêtes par ici. En tout cas, il y a des chouettes : un hululement me fait pousser un cri de surprise.

Un instant plus tard, je tombe à terre.

Il a surgi de nulle part et se tient à califourchon sur moi, me clouant au sol. Qu'est-il capable de faire ? Va-t-il m'assommer, me torturer, ou me tuer carrément ? Il me prend pour une traîtresse ! Je peux communiquer beaucoup d'informations à son sujet, il ne va sûrement pas me laisser en vie. Alors que je me débats, tous ses conseils me reviennent en tête : « Explose, donne des coups, griffe, mords ! » Éliminant les autres possibilités, je décide de lui mordre l'avant-bras. Je serre les dents aussi fort que je peux. Il hurle, mais ne lâche pas prise.

— Arrête, Jade ! S'il te plaît ! Calme-toi !

Je me contorsionne pour lui échapper, martèle le sol des pieds, crie, tente de soulever le bassin pour le déséquilibrer, en vain ; il ne bouge pas d'un poil. J'essaie de le repousser avec la tête, vu que c'est la seule partie de mon corps que j'arrive à décoller du sol. J'enfonce mon crâne dans sa poitrine, et soudain je sens une odeur familière et déroutante. Du musc… de la menthe poivrée… Je me laisse retomber sur le sol et le fixe droit dans les yeux. Qu'attend-il pour m'achever ? Il pourrait au moins m'assommer, que je me tienne tranquille un moment. Mais non. Il me regarde bêtement, l'air hagard, déboussolé. Il y a même quelque chose qui ressemble à de la peur dans ses yeux.

— Lâche-moi, dis-je d'un ton ferme. Tout de suite !

— Tu comptais t'enfuir ? souffle-t-il. Vraiment ?

Je répète :

— Lâche-moi immédiatement !

— Pas avant que tu m'aies dit ce que tu voulais faire.

Je m'emporte :

— Sinon tu vas faire quoi ? Vas-y ! Achève-moi ! Tu en meurs d'envie. Tu avais l'intention de me garder en vie combien de temps encore ?

— Tu racontes n'importe quoi ! Réfléchis un peu, Jade : souviens-toi pourquoi tu as fui de Laemons Plazz !

Je décide de tenter le tout pour le tout. Je lui assène un violent coup de reins au niveau des parties. Un truc que Von nous a appris à n'utiliser qu'en cas d'extrême urgence. *C'est* un cas d'extrême urgence ! Mais Sacha a dû voir la chose arriver, car il soulève son bassin au même moment, puis me dévisage, l'air ahuri.

— Tu ne me facilites pas la tâche, Jade, souffle-t-il.

Il raffermit sa prise et rapproche son visage du mien.

— Tu me détestes vraiment à ce point ?

Évidemment que je le déteste ! Il est affalé de tout son poids sur moi, et sa poigne me meurtrit les bras. Je gémis :

— Tu me fais mal !

Aussitôt, il desserre un peu les doigts.

— Je veux juste partir d'ici et rentrer chez moi !

— Tu ne peux pas rentrer chez toi dans cet état. Tu es déficiente, à présent.

— Non ! Je l'étais, mais je suis guérie !

— Regarde-toi, insiste-t-il, seuls les déficients réagissent comme ça. Les digitaux ne sont pas… violents.

— Tu veux me faire peur ! Tu dis ça parce que je ne veux plus de toi !

Pour toute réponse, il me dévisage avec pitié, et ça me révulse. Je reste un moment à fixer les étoiles. Je ne suis pas déficiente, j'en suis sûre ! Tout est clair à présent : je dois rentrer chez moi. Il y a un moyen de le convaincre.

— Vérifie mes points de transfert ! Ils brillent toujours, je ne suis pas malade !

Il desserre sa prise et m'ordonne de me retourner. Il soulève ensuite mon tee-shirt et je sens un vent glacé m'effleurer la peau, suivi d'un souffle chaud, réconfortant. Quand je comprends que c'est la respiration de Sacha, un frisson de dégoût me parcourt la colonne vertébrale.

— Ils brillent toujours, constate-t-il, l'air sidéré. Tu n'es pas déficiente.

— C'est bien ce que je disais !

— Alors, fait-il d'une voix angoissée, alors, Ruby est de retour.

Je me dis qu'il a enfin compris et qu'il va me laisser tranquille…

Non, il reste avachi sur moi de tout son poids.

— Je peux me retourner ?

Il relâche un peu la pression et paraît baisser sa garde. Je serre les dents : c'est le moment ! Mais il faudra que je déploie toute ma force, et que je sois rapide. Je fais mine de me retourner, doucement, puis bondis en avant en raclant le sol de mes ongles. Ça y est, je suis libre ! Je détale le plus vite possible sans me retourner.

En quelques enjambées à peine, il me rattrape. J'essaie de

lui asséner un coup de poing, qu'il bloque sans mal. Puis il me saisit par-derrière, m'emprisonne dans ses bras et plaque la main sur ma bouche.

— Chuuuut, fait-il, ça va aller. Calme-toi.

Il me fait pivoter et me fixe d'un air interrogateur. Puis il semble prendre une décision. Il me serre contre lui, ce qui me met hors de moi, et me plaque contre le tronc d'un arbre avec une violence à couper le souffle. J'ai sans doute été trop loin, il est exaspéré. Je ferme les yeux et attends le châtiment.

Je m'attendais à me faire cogner, mais à la place Sacha m'offre un baiser fougueux, explosif. J'en ai la tête qui tourne. Je tente de le repousser avant d'être percutée de plein fouet par un souvenir lointain : j'ai déjà éprouvé cette sensation de fourmillement dans le ventre… Des bribes de souvenirs refont surface en une succession de flashs éblouissants : le film de notre histoire se déroule dans ma tête à la vitesse de l'éclair.

Je le revois dans son caisson de verre, une mèche qui lui retombe dans les yeux, son regard qui accroche le mien. Suit le baiser troublant qu'il me donne dans sa cellule, et qui court-circuite mon programme digital, me rendant furieuse et perdue à la fois. Notre baignade dans le lac salé, les bulles qui éclatent autour de nos corps. Nos conversations volées à Laemons Plazz. Ma volonté de fuir avec lui. Mon désir pour lui, ce soir même. Et la violence que je subis depuis que Ruby a repris le contrôle.

J'ai honte : ai-je vraiment voulu le frapper ? Est-ce bien moi, cette personne ? Mon cerveau essaie de reconstituer les évènements de la soirée, mais j'ai un mal fou à me concentrer. Ces pensées sont effacées et aussitôt remplacées par d'autres. Je songe à l'instant présent. Non, je *ressens* l'instant présent. Il est difficile de faire autrement, car Sacha m'a saisie par la nuque et remonte ses mains dans mes cheveux. Puis ses paumes encerclent mon visage, et il décolle ses lèvres des miennes. Je le regarde, complètement médusée, résistant à l'envie de me réemparer de sa bouche et de m'agripper à lui de toutes mes forces afin de rapprocher son corps du mien.

Il ne m'en laisse pas le temps. Il attaque déjà le deuxième round, m'empoignant de nouveau et me faisant basculer un peu plus en arrière. Portés par notre élan, nous reculons, déséquilibrés, nos jambes finissent par s'emmêler et il me plaque violemment contre un autre arbre. Il m'enlace de nouveau, passant ses mains sur tout mon corps et me chatouillant le cou de baisers. Sans pouvoir me contrôler, j'attire son visage contre le mien et l'embrasse de plus belle. C'est ardent, volcanique, nous trébuchons sans même nous en rendre compte. Nous tombons à terre. Je tente de reprendre mon souffle quand, soudain, je me rends compte de la situation.

— Attends ! dis-je.

Je suffoque sous le poids de son corps.

— Arrête. Je pense que c'est bon.

Il me fixe, tremblant, à bout de souffle. Je précise :

— C'est bon, ça a fonctionné, Ruby est repartie.

J'essaie de contrôler un peu mieux les mouvements de ma poitrine.

— Oh, répond Sacha, l'air sonné, comme s'il ne comprenait pas le sens de mon propos.

Il reste un moment allongé sur moi, puis me donne un autre baiser, plus tendre, celui-ci.

— Alors, nous pouvons rentrer maintenant, déclare-t-il en essuyant son front trempé de sueur.

Il se lève délicatement, et je veux l'imiter, en vain : le moindre mouvement me donne des vertiges. Je parviens à m'asseoir, tout étourdie par ce qui vient de se passer. Je me sens épuisée, vidée, molle. Je regarde Sacha. Ses lèvres bougent ; je crois qu'il est en train de me parler, mais je ne perçois qu'un vague écho, lointain et déformé. Il pose la main sur mon épaule. Je veux articuler quelque chose, mais ma bouche endolorie refuse de s'exécuter. Mes joues se mettent à fourmiller et ma vue se trouble. Puis c'est un grand vide, un grand rien, un trou noir. Je m'évanouis.

28.

À mon réveil, je n'ose pas bouger. J'ouvre les yeux : je suis dans le Blaster, à l'arrière. Nous roulons.

— Comment ça va ? demande Sacha.

Il me passe la main sur le visage, me touche le front, comme pour vérifier si je suis bien là.

— Jade ? Est-ce que ça va ?

J'ai la bouche pâteuse et un mal de tête assommant, mais je parviens à me redresser un peu. Je tente de sourire à Sacha pour le rassurer, mais j'ai bien peur que ça n'ait l'air d'une grimace. Je me tâte la nuque et me remémore les faits.

— Désolée, dis-je d'une voix éraillée.

Sacha me dévisage en fronçant les sourcils.

— C'est ma faute. J'aurais dû faire plus attention à toi, Jade. J'ai retrouvé la bande magnétique dans le Blaster, et je l'ai détruite. Nous avons sous-estimé Ruby. Mais ça ne se reproduira plus.

Son ton est dur ; il est si nerveux qu'il regarde à peine la route. Je réalise alors que nous sommes sur un champ de force.

— Où tu nous emmènes ? Il faut éviter les grands axes et…

— On va faire un détour par Teik Walley.

Je sursaute.

— Teik Walley ? Pourquoi ?

Cette ville est le siège de l'un des trois centres de transfert du Continent. J'ai passé mon Transfert à Suya Vell, la ville la plus proche de Laemons Plazz. Le centre le plus connu, c'est celui de Stargs. Et il y a Teik Walley, que je ne connais pas.

— J'ai travaillé à Stargs. Et je sais quelque chose que peu de monde connaît, et dont tu as besoin.

Je me redresse et tente d'enjamber le dossier du siège passager mais un voile noir s'abat devant mes yeux. J'ai voulu aller trop vite.

— Doucement ! fait Sacha en me tenant par le bras.

Je ne l'écoute qu'à moitié et m'affale sur le siège comme une masse.

— Bois un peu d'eau, dit Sacha, calme-toi, et mets ta ceinture.

Je me dépêche d'obéir à ces ordres, car je veux savoir ce qu'il a en tête. Nous sommes en route pour Teik Walley, je reconnais la roche rouge caractéristique de la région, et je n'aime pas ça.

— Quand on sort de l'opération de Transfert, poursuit-il, les programmateurs testent nos nouveaux programmes pour s'assurer que tout va bien. Si ça ne fonctionne pas comme ils le veulent, ils ont le pouvoir de tout annuler. Dans ce cas, ils extraient notre puce digitale et modifient le programme.

— Bien, et alors ?

— Alors, on va te débarrasser de Ruby une bonne fois pour toutes.

— Me débarrasser de Ruby ? Impossible ! Et on se ferait prendre, de toute manière !

— Je sais comment il faut procéder. J'ai été programmateur.

Sacha ? Programmateur ? Je ferme les yeux, sonde ma mémoire, et les faits me reviennent en tête progressivement. Je me revois en train de lire le dossier de Sacha, avant qu'il ne devienne mon patient. C'est flou, ce qui me confirme mon idée d'un effacement sémantique ordonné par Ruby. Son histoire se dessine petit à petit : Sacha est devenu déficient pour la première fois à vingt ans, pendant son année d'exploitation. Comme moi. Je comprends mieux pourquoi ça m'a échappé : trop dangereux, trop de similitudes avec mon propre parcours.

— Comment tu comptes faire ? C'est trop risqué !

— Je sais de quoi je parle. Dis-moi juste si tu veux te débarrasser d'elle. Tu as le droit de refuser. Mais en ce qui me concerne, je ne veux plus te perdre comme hier.

J'essaie de réfléchir à toute vitesse. Bien sûr que je voudrais me débarrasser de ma puce digitale. Seulement, je sais que ça me ferait basculer à tout jamais *de l'autre côté*. Pas de retour en arrière possible. Ce n'est pas que j'aie peur de regretter, non. Mais c'est un acte symbolique qui demande réflexion. Je ne veux surtout pas revivre l'angoisse que j'ai connue hier au centre de cryptage. Nous étions enfin tranquilles, Sacha et moi ; je ne veux pas que tout ça recommence.

— Il y a sûrement un autre moyen, dis-je. Je refuse de prendre des risques, il faut qu'on s'en aille loin d'ici !

Sacha fronce les sourcils, inspire à fond et se lance :

— Un jour, mes baisers ne suffiront plus, Jade.

Je ne m'attendais pas à ce qu'il remette ça sur le tapis. Je fixe la route, sans oser le regarder. C'est tellement gênant, de l'entendre parler de ce phénomène étrange et embarrassant : en m'embrassant, Sacha parvient à rendre dingue Ruby, au point de griller toutes mes connexions digitales. C'est arrivé deux fois ; une de trop pour que ça soit dû au simple hasard.

— Tu te rends compte de ce que j'ai vécu ? reprend-il, l'air furieux tout à coup. Tu aurais pu redevenir digitale, définitivement ! Tu es consciente de ça ?

Il me prend par le menton et me force à tourner le visage vers lui. J'avale ma salive ; mon cœur s'emballe. Son regard paraît si révolté et triste à la fois que j'oublie ma gêne et dis :

— Tu me feras toujours le même effet, Sacha. Je t'assure.

Il me transperce du regard, et je me sens devenir toute molle.

— Si je ne m'étais pas réveillé…, murmure-t-il d'une voix plus douce.

Puis il se tait.

S'il ne s'était pas réveillé, je serais en ce moment à Laemons Plazz, en plein reboot. Et lui… il serait sans doute mort, puisque je comptais le dénoncer en arrivant à Lockvill. Je frémis à cette idée. Je réalise que notre destinée ne tient qu'à un fil. Ou plutôt à cette foutue puce digitale.

Alors, je me décide. Je relève la tête et demande d'une voix claire :

— Quel est ton plan ?

À neuf heures nous sommes planqués derrière un mont de gravats à l'arrière du centre de Transfert. Le soleil est déjà cuisant. La région de Teik Walley ne connaît pas les moussons auxquelles nous avons droit chez nous et la sécheresse se ressent partout. L'air est sec et brûlant. D'après Sacha, les techniciens qui s'activent dans l'arrière-cour vont prendre une pause à midi. Il m'a tout expliqué en chemin. Un centre de Transfert se compose de cinq ailes : l'orphelinat, lieu de vie des adolescents qui doivent devenir digitaux ; le centre d'élaboration des programmes – c'est là que Sacha a passé son exploitation à Stargs ; le bloc des implantations, sorte d'hôpital où ont lieu les transferts, et l'aile de la Nouvelle Vie. C'est l'endroit où l'on évolue pendant quelques semaines après notre Transfert. Les souvenirs de l'aile de la Nouvelle Vie sont les seuls que je garde du centre de Suya Vell. On y reçoit des nouvelles de ses proches. C'est à cette période que l'on m'a annoncé le décès de ma mère. J'ai dû réagir de manière conforme puisque ensuite on m'a laissée rentrer chez moi.

Je prends mentalement note d'interroger Sacha sur son Transfert ; pour l'instant il est en train de me faire un schéma détaillé du centre.

Il y a enfin l'aile technique, derrière laquelle nous sommes en ce moment. Sacha m'explique que ce bâtiment est une vraie fourmilière : c'est là qu'on assemble les pièces, qu'on trie les métaux et qu'on stocke des éléments électroniques. De temps à autre, un homme sort dans l'arrière-cour pour y balancer un cube compressé de métal usé.

Pendant deux heures, nous patientons à l'ombre d'un cyprès, derrière un gros rocher. On en profite pour se reposer, car la nuit nous a épuisés. J'essaie de meubler la conversation comme je peux, pour éviter de reparler de ce baiser qui m'a encore fait disjoncter.

— Sacha ? Tu crois que je suis la seule à faire des rêves sur mon Transfert ?

Il me regarde étrangement, et je m'empresse de développer :

— Ça ne m'est arrivé que trois ou quatre fois en dix ans, mais ça me terrorise toujours. Quand je me revois arriver dans la cour de Suya Vell, je ressens une peur panique.

Sacha réfléchit un bref instant, comme s'il se replongeait dans ses propres souvenirs. Puis il dit :

— Je n'ai jamais rêvé de mon Transfert. Je ne me souviens de rien. Normalement, ils effacent tout de notre mémoire.

— Ah… Moi, ça me paraît si réel ! On nous fait quoi, exactement, là-bas ?

— Je ne connais pas tout le processus. Mon travail de programmateur consistait à traiter les codes informatiques envoyés par les testeurs. Ils font passer aux enfants des batteries de tests qui définissent leur profil par codage digital. L'assemblage de ces codes donne des combinaisons qu'on appelle architectures. C'est ce qui constitue la base d'un programme. Mon job s'arrêtait là : traiter chaque jour des milliers de données informatiques. Je n'avais pas à en savoir plus. J'ignore donc ce qu'il se passe exactement là-bas.

J'écoute attentivement ces informations, nouvelles pour moi. Je n'ai que quelques souvenirs flous de l'orphelinat, et je ne me suis jamais préoccupée de l'envers du décor. Ainsi, le travail de Sacha n'était qu'une petite partie de cette mécanique infernale… Combien de personnes sont au service des trois centres de Transfert du Continent ?

Je réfléchis à tout ça – Transfert, reboot, mes cauchemars –, et j'essaie d'imaginer Sacha enfant. Était-il terrorisé, comme moi, en arrivant dans la cour du centre de Transfert de Stargs ? Peut-être que lui aussi a connu une femme au chignon tiré et aux lèvres pincées. Peut-être lui aura-t-elle dit la même chose qu'à moi ?

— Dans mes rêves, dis-je, un peu gênée de faire cette confidence, je revois une femme qui me dit que je présente des signes de défaillance précoce, et que je suis perturbée.

— Alors, déjà à l'époque tu donnais du fil à retordre aux autonomes ? Ça ne m'étonne pas…

Sa remarque nous fait rire tous les deux. Puis il semble repartir dans ses pensées, le regard fixé sur l'horizon. Il finit par dire, lui aussi sur le ton de la confidence :

— Je ne rêve pas de mon Transfert, mais parfois je rêve d'un homme en noir qui veut m'effacer la mémoire. Il veut que j'oublie. Mais je n'ai pas oublié…

Il s'interrompt et son regard se perd dans le vide.

— Quoi ? Qu'est-ce que tu n'as pas oublié ?

Il me regarde un long moment et répond :

— Juste que cet homme en noir a voulu effacer ma mémoire. Ils m'ont enfermé pendant des jours et ont trafiqué mes points de transfert. Voilà de quoi je rêve.

— C'est un rêve, ou un souvenir ?

— Un souvenir, je crois.

Il ferme les yeux et paraît se concentrer.

— Oui, poursuit-il, je suis sûr que c'était réel. Je revois cet homme en uniforme noir. Toujours lui. Et ça me met… mal à l'aise à chaque fois que j'y repense. Quoi qu'on en dise, on nous endommage le cerveau avec ces puces digitales. Et le passé n'est jamais vraiment clair. N'est-ce pas ?

Je hoche la tête en songeant aux souvenirs flous que je garde de ma mère, et de mon enfance en général.

Nous restons un moment à contempler le désert. Une petite brise se lève comme pour nous apaiser. C'est agréable. Je profite d'un dernier instant de quiétude avant de tourner une page pour de bon.

À midi, une sonnerie annonce l'heure de la pause. Nous rampons avec précaution jusqu'au tas de gravats. Nous devons laisser filer les techniciens, mais avons besoin de l'un d'eux pour entrer dans le centre. Ses prunelles nous seront très utiles.

Nous repérons au fond de la cour un ouvrier penché sur une pièce métallique. Quand il ne reste plus que lui, Sacha et moi nous mettons d'accord d'un signe de tête.

29.

Ça a été plus facile que je ne l'aurais pensé, et très rapide. Nous avons pris l'homme par surprise ; je n'ai même pas eu le temps de percevoir la frayeur dans ses yeux lorsque l'aiguille s'est enfoncée dans son cou. Nous l'avons transporté jusqu'au scanner rétinien et, une fois à l'intérieur, nous l'avons abandonné derrière une pile de cartons. À présent, nous n'avons plus d'autre moyen de défense que notre force et notre violence, car je n'ai pas pensé à emporter d'autres seringues avec moi.

Nous suivons à pas de loup un couloir sombre aux multiples renfoncements, et tendons l'oreille, sur le qui-vive. C'est le calme plat ; on entend seulement un vrombissement sourd. Je sens la sueur perler sur mon front ; l'adrénaline me fouette les veines à l'idée des risques que nous sommes en train de prendre. Sacha saisit ma main et me lance un regard qui inspire confiance.

Soudain, un grincement nous fait sursauter. On entend le bruit d'une porte qui claque, et enfin des voix qui résonnent à quelques mètres à peine de nous. Sacha me pousse dans un renfoncement et me plaque la main sur la bouche. Je suis contente qu'il empêche ainsi mes lèvres de trembler. Il se colle à moi, en sueur, et mon cœur s'accélère. De peur. De cette proximité. De la menace qui rôde. Les voix se rapprochent, et je vois des ombres passer devant notre cachette. Mes yeux grands ouverts sont plantés dans ceux de Sacha, qui me bâillonne toujours la bouche.

Ça y est, ils se sont éloignés, Sacha relâche la pression sur mes lèvres engourdies.

Nous patientons quelques longues minutes, blottis dans la pénombre, afin d'être sûrs que tout le monde est bien parti déjeuner. Puis Sacha me fait signe de le suivre, tout doucement, et me montre une arcade au fond du couloir, cloisonnée par des lames de plastique souple. Nous nous y faufilons sans tarder.

Nous déboulons dans un atelier bruyant, où il fait frais. Le contraste avec la chaleur qui règne à l'extérieur est saisissant. Tout est métallique, gris, froid ; les bruits sont stridents, comme ceux d'une turbine.

— Et maintenant ? dis-je.

Sacha m'entraîne vers le fond de la pièce, où tourne une énorme hélice.

— Les conduits d'aération remontent vers les salles d'implantation, m'explique-t-il.

Je pense comprendre l'idée. Mais comment dépasser cette hélice ? Je cherche du regard une trappe d'accès, en vain. J'interroge du regard Sacha, qui déplace des caisses comme pour nous créer un rempart.

— Que comptes-tu faire ?

— Attendre que la ventilation soit coupée.

Je fronce les sourcils.

— Le bâtiment est entièrement climatisé, poursuit-il. L'anti-gravité alimente ces hélices, qui propulsent dans les conduits un fluide réfrigérant. Mais quand l'air devient trop froid, le système s'arrête un moment.

— D'accord, je comprends. Il fait froid, là ; ça ne devrait plus tarder, non ?

La pause des ouvriers ne dure qu'une heure ! Chaque minute compte.

— Espérons-le…, fait Sacha.

— Nous aurons combien de temps quand ça aura cessé de tourner ?

— Je ne sais pas exactement…

Je ravale ma salive. À quoi bon s'affoler ? Je ne vois pas d'autres solutions pour le moment, de toute manière. Sacha s'équipe d'outils et démonte la grille de sécurité. Nous nous faufilons dans le conduit, à quelques mètres à peine des turbines. Nous patientons en examinant l'hélice à distance. Il y en a trois à franchir. Il suffirait de s'en approcher pour être réduit en charpie…

À treize heures, l'atelier s'anime. Coincés dans notre conduit, nous entendons les premiers techniciens revenir. Les hélices ne se sont toujours pas arrêtées ; je commence à claquer des dents, de froid et de frayeur. Des hommes s'agitent près de nous : vont-ils voir le tas de caisses ? Vont-ils trouver l'homme que nous avons endormi ? Et s'il se réveillait ? Impossible de parler avec Sacha à cause de ce bruit infernal, mais nos regards en disent long sur notre angoisse.

Enfin, la première hélice ralentit et son rugissement cède la place à un ronronnement. Puis elle s'immobilise. Aussitôt, Sacha me hisse à travers les pales glacées. Ouf ! Le premier obstacle est franchi. L'un après l'autre, les deux autres monstres s'arrêtent et nous passons de l'autre côté. Je n'en mène pas large : et s'ils se remettaient en mouvement ? En nage, je tente de ne pas y penser, jusqu'à ce que mes pieds touchent le sol.

Nous devons nous dépêcher ! Qui sait quand les hélices à la sortie du conduit se remettront en route ? Combien de temps avons-nous ? Une demi-heure ? Dix minutes ? Nous nous mettons à grimper le long des parois glacées qui me brûlent la peau. Tout en avançant, je guette le moindre bruit. On entend des rires, des bruits de pas, des chuchotements. Je m'arrête un instant devant une petite grille qui s'ouvre sur un couloir de l'orphelinat. Je vois une fillette assise par terre, qui pleure à chaudes larmes. Une femme en tunique blanche arrive, la saisit par le bras et la gifle à la volée. Je suis choquée par cette image. Sacha paraît aussi bouleversé que moi. Puis il se ressaisit.

— On doit se dépêcher, viens !

Nous continuons à longer la paroi, mais je n'arrive pas à effacer de ma mémoire cette gamine qui se fait gifler. Et cette femme en tunique blanche… comme les gens dans mes cauchemars…

J'ai l'impression que le conduit vibre de temps à autre et je perçois comme des bruits étouffés. Je me sens oppressée là-dedans, vulnérable ; c'est idiot, puisque c'est sans doute ici que nous sommes le plus en sécurité. Si la climatisation se remettait en route, il nous suffirait d'attendre que la température baisse de nouveau. Et puis ces boyaux métalliques s'étirent dans toutes les ailes du bâtiment, il est donc normal d'entendre des échos, des chuchotements.

Après quelques hésitations et deux ou trois changements de direction, Sacha finit par m'entraîner dans une cellule qui ressemble à un laboratoire médical. Aussitôt, il se met à tout retourner dans la pièce, à mettre en route des machines… Je le regarde faire sans rien dire. Il paraît si nerveux ! Mon pouls s'emballe quand je réalise pour de bon ce que l'on a l'intention de faire.

— Tu peux t'allonger, dit-il en me montrant la table d'extraction. Je suis bientôt prêt.

Je m'affole : les pensées se bousculent dans ma tête.

Je n'y arriverai jamais !

Je ne suis pas prête.

Ils vont débarquer en plein milieu de l'opération.

Je vais avoir le cerveau grillé.

— Attends ! fais-je en posant mes mains tremblantes sur ses épaules.

Il me dévisage, en sueur. Je l'ai stoppé dans son élan. J'ai déjà été dans cet état, je sais ce que ça fait. Je me revois au centre de cryptage après que j'ai assommé Molly. Je n'étais plus capable de réfléchir, j'agissais par instinct, soumise à l'urgence de la situation. Tout comme Sacha en ce moment. Mais là, il y a tout de même une différence : le risque de me faire griller le cerveau. Je veux des explications. Même digitale, je détestais ne pas savoir ce qu'on me faisait. Il m'a toujours fallu connaître ce vers quoi j'allais. Voilà sans doute pourquoi mon arrivée au centre de Transfert m'avait terrorisée : j'ignorais ce qui m'attendait.

— Explique-moi ce que tu vas me faire, Sacha. J'ai peur.

— Eh bien… je vais tenter une extraction, lâche-t-il.

« Tenter » ? Je souffle :

— Donc… tu ne l'as jamais fait avant ?

— Non. Mais je sais comment faire.

— D'accord…

J'avale ma salive et m'efforce de garder mon calme. En vain : je suis morte de peur. Je tremble de tout mon corps.

Le visage de Sacha se décompose.

— Jade ! Je ne veux pas que tu aies peur ! Ça va aller, je t'assure.

— J'ai confiance en toi, Sacha. Mais tout à l'heure encore tu le disais : nos puces digitales nous endommagent le cerveau. Et si ça ne se passait pas comme prévu ? Et si nous étions dérangés en plein processus ? Je ne sais plus… je ne suis plus sûre…

Je vois la mâchoire de Sacha se crisper ; il pâlit violemment.

— OK. On arrête tout.

Ah… On arrête tout ? Je mets un temps à réagir.

Je voulais juste être rassurée… Pourquoi ne cherche-t-il pas à me convaincre ? Bon sang, je veux me débarrasser de cette puce !

Je m'exclame :

— Non ! On le fait.

— Tu n'es pas prête, Jade. Je ne veux pas prendre de risques, tu as raison. Je ne ferai rien contre ton gré.

— Si ! Je te fais confiance !

Sacha semble complètement perdu. Il se prend la tête entre les mains et se met à errer dans la pièce, l'air hagard. Il shoote dans un carton, peste, puis s'affale contre un mur et s'accroupit en marmonnant. Que lui arrive-t-il ? Pas possible qu'il craque maintenant ! Ai-je donc un tel pouvoir de dissuasion ? Il avait l'air sûr de lui il y a encore cinq minutes ! Je ne veux plus de cette satanée puce ! Pourquoi a-t-il fallu que je l'ouvre, une fois de plus ? Je dois rattraper le coup.

— Ressaisis-toi ! dis-je en lui agrippant les épaules. Nous n'avons pas fait tout ça pour rien ! Enlève-la-moi ! Enlève-moi cette saleté de puce digitale tout de suite ! Je suis prête, je te fais confiance, je t'assure !

Et voilà que je le supplie maintenant. Je me dis que je ne

peux pas devenir plus timbrée, de toute manière. Alors, allons-y. Il était programmateur, il sait ce qu'il fait.

— Vite, Sacha. Relève-toi.

Je l'aide à se remettre debout, mais il est encore tout pantelant. À la réflexion, je préférais sa frénésie.

— Écoute-moi bien, Sacha, lui dis-je. Je t'ordonne de m'extraire ma puce !

Il réfléchit quelques instants, puis semble recouvrer ses esprits.

« Ouf. »

Plus calme, il branche un générateur qui active des dizaines de minuscules bras métalliques articulés censés s'insérer dans mes points de transfert. Je m'allonge sur le ventre et Sacha se met à pianoter sur un clavier informatique. Il entre des codes, des chiffres, des lettres, du charabia, même pour moi qui maîtrise l'informatique quantique. Après cinq bonnes minutes de réglages, il se penche vers moi, me fixe d'un air soucieux et m'embrasse.

Je n'aime pas ça. On dirait des adieux… Je ne ressens que de la frustration. Une idée me traverse l'esprit, ajoutant à mon malaise : ne fait-il ça que par simple précaution, pour endormir Ruby ?

À cet instant, la porte s'ouvre et deux hommes en blouse se plantent devant nous.

— Ils sont là !

L'un d'eux lance un coup d'œil vers un coin du plafond comme pour vérifier quelque chose. Je suis son regard : une micro-caméra digitale ! On s'est fait piéger par une stupide caméra de surveillance… Furieuse, je saute sur mes pieds et me campe face à eux, les lèvres retroussées, prête à bondir.

30.

La tension est à son comble. Les deux hommes se contentent de nous fixer étrangement, mais Sacha et moi sommes tout agités. Je me tiens derrière la table d'opération, qui me sert de rempart, en grognant comme une bête sauvage. Sacha, lui, fait valser dans sa panique un chariot de fioles. Je ne sais pas ce qu'il se passe dans la tête des transplanteurs, mais ils ont subitement l'air absents, tétanisés. L'un d'eux serre dans la main un objet qui ressemble à un digipass. Je me dis que ce sont les mêmes pantins qu'à Laemons Plazz : notre violence les paralyse. Sacha le comprend aussi et bondit pour refermer la porte en les bousculant au passage.

Je m'écrie :

— Qu'est-ce qu'on fait ? Il n'y a pas de sédatif dans ce fichu labo ?

Pendant que je fouille frénétiquement les armoires, l'un des hommes se remet à bouger. Je l'empoigne et hurle :

— Un seul geste, et je t'assomme, compris ?

Que va-t-on faire de ces deux-là ? Je serais incapable de leur faire du mal. Je continue à beugler pour qu'ils se tiennent tranquilles, tandis que Sacha cherche de quoi les attacher.

Il déroule un rouleau de bandage, teste son extensibilité, déplace une chaise de bureau… Oui, c'est ça, nous allons les ligoter et repartir dans le conduit de ventilation, comme nous sommes venus. Tant pis pour mon extraction !

Je commence tout juste à retrouver un semblant de calme quand quatre cancellers font irruption dans la pièce. Cette fois, c'est foutu. Ce sont de vraies armoires à glace au visage expressif. *Trop* expressif. Agressif. Pourtant Sacha se rue sur l'un d'eux et lui décoche une droite magistrale. Immédiatement, un autre le maîtrise et lui plante une seringue dans le cou. Sacha me lance un regard désespéré et tente de se libérer en poussant un cri glaçant. Puis il s'effondre sur lui-même. J'émets moi aussi un cri étranglé. Tout le monde se tourne vers moi. L'un des cancellers me rejoint.

— C'est terminé, Jade. Nous allons vous ramener chez vous saine et sauve.

Je n'arrive pas à dire quoi que ce soit. Il doit me croire en état de choc, car il poursuit d'un air grave :

— Tout va bien, mademoiselle Stone ?

Il me tend le bras que je bloque instantanément.

— Qu'avez-vous fait ? dis-je sèchement en retenant mes larmes pour ne pas me trahir. Je ne suis pas Jade Stone. Vous faites erreur.

Je ne sais pas pourquoi je dis ça. C'est évident qu'ils sont au courant de tout. Mais je m'enfonce encore plus dans mon délire parce que c'est ma vie et celle de Sacha qui sont en jeu.

— Je suis Edwilla Prazz.

Edwilla, une fille de mon âge, aurait pu passer pour ma jumelle : les mêmes yeux noisette, les mêmes cheveux dorés, les mêmes idées farfelues qui nous ont valu d'être envoyées prématurément au Transfert.

— On m'a transplantée quand j'avais neuf ans à peine.

J'étais trop jeune ; mon caractère aurait pu encore évoluer. C'est pour ça que je suis là. Je veux juste une autre puce. Mon ami Warren m'a aidée à entrer ici.

Je désigne Sacha du menton et dévoile ma nuque en même temps.

— Regardez, je suis des vôtres.

Je leur montre mes points de transfert.

— Je veux changer de tempérament ! Vous m'avez flanqué une puce inadaptée ; je m'en rends compte avec le temps. La preuve : un déficient a réussi à m'entraîner dans ses combines. Je veux juste être comme tout le monde. Je suis beaucoup trop naïve et influençable.

Mon discours semble intéresser les quatre géants. Même pour les transplanteurs qui ont assisté à la scène, grâce à la caméra de surveillance, ça peut paraître cohérent : Sacha a bien essayé de modifier mon programme et je lui ai dit que je n'étais pas prête. Le plus costaud des cancellers interpelle un des transplanteurs.

— Toi, là. Qu'as-tu vu ?

L'homme réfléchit, comme s'il essayait de se remémorer les faits. Il finit par répondre :

— C'est peut-être vrai. Ils ont hésité un moment, ils étaient nerveux, comme deux gamins qui font une bêtise. Ce ne sont peut-être pas des sauvages. J'y vois plus une erreur de parcours. Ils ont peut-être juste besoin d'un formatage ?

Des sauvages ? Je n'ai pas le temps de m'attarder sur la question, car je me concentre sur le principal : le transplanteur me croit.

— Foutez-moi ces deux-là en cellule ! tonne le canceller. On a d'autres chats à fouetter.

Que peut-il y avoir de plus grave que deux jeunes gens

sortant d'on ne sait où, qui se sont introduits illégalement dans l'enceinte afin de modifier eux-mêmes leur programme digital ?

— Edwilla Prazz, dis-tu ? me lance-t-il néanmoins avant de franchir la porte. Le scanner rétinien nous le dira, de toute manière. Qu'on leur fasse une révision complète avant de les relâcher.

Un homme m'empoigne, et je me laisse faire. Un autre balance Sacha sur son épaule et on nous conduit dans une petite cellule grise. Mais c'est toujours mieux que d'être piqués et rapatriés de force… Au moins, je suis toujours avec Sacha, même s'il est inconscient. À vrai dire, je préfère ça. Sinon, il se mettrait à paniquer de nouveau. Je n'ose imaginer son réveil…

Pour passer le temps, j'échafaude dans ma tête des stratégies plus farfelues les unes que les autres pour nous sortir de là, comme transpercer le cœur du garde avec ma pince à cheveux ou encore l'étrangler avec un lacet de chaussure… C'est étrange ce qu'on peut imaginer quand on se sent condamné !

Sacha se réveille enfin, et je dois lui faire un point sur notre situation. Il se met à paniquer, et je cède moi aussi à l'angoisse. Nous passons par toutes sortes d'émotions : peur, agitation, frustration, colère et, enfin, résignation et tristesse. Si nous arrivons jusqu'à la table de contrôle et de formatage, nous sommes fichus. Un simple scan rétinien, et tout sera fini. C'est terrible, de se dire que nous vivons sans doute nos derniers instants de liberté, nos derniers instants ensemble. Nous nous blottissons l'un contre l'autre, nous nous caressons les cheveux, le visage, nous promettons que nous nous souviendrons de chacun de ces moments, que nous nous battrons toujours pour notre cause. Nous nous embrassons, comme si nous étions le dernier homme et la dernière femme sur Terre. Ça a quelque chose de comique : nous nous embrassons toujours lorsque la situation est désespérée, comme s'il nous fallait trouver une excuse. C'est idiot.

— Tu m'embrasseras encore si nous nous en sortons ? dis-je naïvement.

Je regrette aussitôt ma niaiserie.

— Je ne pourrais plus embrasser personne d'autre, de toute manière, répond Sacha. Tu es unique.

Je détourne le visage pour cacher un sourire de satisfaction. Lovés dans les bras l'un de l'autre, nous attendons la sentence tels deux condamnés à mort. Nous le sommes en quelque sorte : notre escapade nous vaudra sûrement d'être euthanasiés. Je songe : « Telle mère, telle fille. » Dommage, le mystère du globe bleu restera irrésolu. À présent, je suis sûre que cette projection sphérique indique une direction à prendre, un endroit où nous serions tranquilles, Sacha et moi. Ma mère voulait me protéger avant tout, elle devait connaître l'existence d'un lieu spécial, peut-être un endroit où les déficients vivent en toute quiétude. Je serre la boule de papier avec les données dans ma poche. Je devrais les détruire maintenant pour qu'un digital ne mette pas la main dessus. Je m'y refuse, et c'est là que je m'aperçois que je garde espoir. On s'en sortira peut-être, par je ne sais quel miracle.

Nous sommes enfermés ici depuis plusieurs heures maintenant. Je crève de faim, de soif ; l'attente est interminable. Je me demande s'ils ne nous ont pas oubliés…

Lorsque je commence à dérailler pour de bon, un canceller arrive enfin. Nous nous levons, abattus, et Sacha me serre la main très fort. J'ai fait un pacte avec lui : il ne tentera rien pour qu'on ne me l'arrache pas. Je veux vivre ces instants avec lui.

Escortés par une dizaine d'hommes, nous avançons dans le couloir, le cœur lourd. Nous franchissons plusieurs portes et entrons dans un laboratoire qui donne accès à un vaste bloc opératoire. Des tables d'opération sont alignées sous des grosses machines à bras articulés. Je croise le regard de Sacha, et nous nous disons beaucoup de choses en silence, comme lors de notre première nuit à bord du Blaster.

Soudain, une étincelle jaillit de ses prunelles et il entre dans une transe effrayante. Il se jette sur moi en balayant les cancellers sur son passage. Je ne sais pas ce qu'il compte faire ; tout va très vite : quelqu'un le stoppe dans son élan et l'assomme net. Le choc est extrêmement violent. Je me demande s'il est mort, et je sens mon visage se décomposer.

— Voilà, c'est fini, murmure un homme à mon oreille.

Un hurlement déchire l'air. Le mien. L'homme a raison : ça y est, nous y sommes, tout est fini.

Puis la pointe d'une aiguille s'enfonce sous ma peau et je manque de faire une crise cardiaque.

Tout est fini.

Puis quelque chose d'inattendu se produit : la grille de ventilation explose dans un fracas métallique et des dizaines d'hommes se ruent vers nous en hurlant.

Le sol se dérobe sous mes pieds et mes yeux se ferment malgré moi. Je perds conscience. Je vois le visage de Sacha, il me crie : « Tout est fini ! »

31.

Plongée dans le noir, je vois toujours le visage de Sacha. Il se déforme, s'estompe, pour laisser place à de drôles de formes géométriques qui m'éclatent à la figure. C'est beau, et vertigineux.

J'essaie de deviner ma position. M'ont-ils attachée ? Sacha est-il là ? J'ai l'impression d'avoir de la mélasse dans le crâne ; je n'arrive pas à raisonner de manière cohérente. Ça dure une éternité, une éternité de noir et de néant sirupeux. De temps à autre, une tache blanche se dessine dans l'obscurité.

Au bout d'un moment, je sens que l'on me déplace vers la droite ; puis une douce chaleur m'enveloppe. J'ai la sensation étrange d'être enlacée. Protégée. Et une odeur épicée vient me chatouiller les narines.

Je voudrais hurler : « Sacha ! » mais je n'y arrive pas. Est-il possible que je sois dans ses bras ? Où sommes-nous ?

Où sommes-nous ?

Et puis, comme si j'avais pensé suffisamment fort, j'entends une voix me répondre :

— Nous sommes à une frontière naturelle. Derrière ces chutes d'eau, plus loin dans la forêt, se trouve notre domaine.

Quel domaine ? Quelles chutes d'eau ? Nous ne sommes

plus dans le désert ? Quel centre de reboot peut bien se trouver dans une forêt ?

— Elle est encore instable, dit Sacha. Cela ne posera pas de problème ?

— Non, répond l'autre voix. Elle n'est pas la seule à être dans cet état. Il faut juste respecter certaines règles.

Péniblement, je parviens à ouvrir un œil, puis l'autre. Sacha sourit, s'agite, interpelle les personnes qui se trouvent à l'avant du véhicule terrestre qui nous transporte et ses yeux s'illuminent, comme lorsqu'il contemplait notre feu de camp. Je le serre de toutes mes forces, enfouis le visage au creux de son cou. Il me dépose un baiser sur le front en riant.

— Tout va bien, dit-il, radieux.

Je regarde autour de moi. Deux hommes se tiennent à l'avant du véhicule. Plutôt jeunes, la peau tannée. Je me tourne vers Sacha et essaie de transmettre en un regard toutes les interrogations qui me submergent : qui sont ces hommes ? Sommes-nous en sécurité ? Où sont les cancellers ? Est-on en train de nous transférer vers un centre de reboot ? Pourquoi ne sommes-nous pas attachés ?

— Tout va bien, répète Sacha, ce sont des néosauvages.

Je sursaute, effrayée, et il s'empresse d'ajouter :

— Ils ont fui, comme nous. Et ils nous ont sauvés, Jade ! Ils vivent sur une île, au large de Mandar.

Mandar est une vieille ville portuaire industrialisée située à des centaines de kilomètres de Teik Walley. Il y fait souvent gris et pluvieux ; rien à voir avec le paysage qui défile sous mes yeux en ce moment. Nous sommes en pleine nature, dans une contrée verte et humide… Les idées se bousculent dans ma tête.

— Moi, c'est Thaddé, se présente le conducteur. Et lui, c'est Hugo.

Au lieu de me présenter, je demande :

— Où sommes-nous ?

— Sur notre île, répond le dénommé Hugo en tournant la tête vers moi.

Il a de grands yeux verts, il est mal rasé et ses cheveux blond foncé en bataille lui donnent un air… sauvage. Et c'est exactement ce qu'il est : un néosauvage. Il poursuit :

— Nous avons survolé l'océan en aéroplane pendant que tu étais inconsciente.

J'observe le paysage avec attention. Nous roulons à travers une plaine humide et envahie par une végétation épanouie, en direction de chutes d'eau. C'est si vaste autour de nous, si vert, si frais ! Une terre indomptée, aux mains de néo libres.

Si j'ai bien entendu ce qu'a dit Sacha, il existe d'autres personnes comme moi : *instables.*

— Je ne suis pas tout à fait néo, dis-je, confuse. Vous êtes au courant ?

— Tu es des nôtres, répond Thaddé, c'est ce qui compte.

Sa réponse, catégorique, me rassure un peu.

Thaddé est un grand gaillard, à l'allure négligée, comme Hugo. Mais il doit être plus âgé ; il est aussi plus costaud, plus bronzé, et a les cheveux et les yeux plus foncés.

— Tant que tu te battras à nos côtés, ajoute-t-il, nous te protégerons.

Me battre à leurs côtés ? Contre qui ? Et comment ? D'accord, j'ai fui une société dans laquelle je n'avais plus ma place, car je me sentais différente, mais je n'ai pas l'intention de me battre contre qui que ce soit ! Bien entendu, je le garde pour moi. Je ne veux pas qu'ils voient en moi un ennemi. Tout commence à prendre sens dans mon esprit. Je comprends que la déficience, que je pensais être une anomalie, pourrait se révéler sous un autre jour à présent.

Sur cette île reculée, il y a une vie parallèle. Une vie sans puces digitales, sans programmes informatiques élaborés, sans contrôle omniprésent. Un peuple de déficients vit ici, qui se bat – je ne sais comment – contre le digitalisme. Était-ce ça, le message de ma mère ? « Une goutte dans l'océan »... Une île !

J'aimerais examiner la sphère bleue de nouveau, mais je n'ai pas de digipad, et je ne connais pas ces gens. Sont-ils dignes de confiance ?

Je demande, l'air de rien :

— Que faisiez-vous à Teik Walley ?

J'ai envie de tout savoir d'eux : ce qu'ils entendent par « se battre », leurs moyens d'action, leur perception de « l'ennemi », leur connaissance de notre condition sur le Continent. Hugo et Thaddé se regardent comme si l'un attendait que l'autre prenne la parole. Thaddé finit par se lancer :

— Ça fait des mois qu'un de nos gars est infiltré là-bas. Il tente d'obtenir des renseignements sur le moyen d'extraire une puce digitale d'un corps. On en profite aussi pour sauver quelques enfants. Et, aujourd'hui, nous sommes tombés sur vous.

Je ne sais pas laquelle de ces deux informations me chamboule le plus. Sacha était prêt à extraire ma puce. Il est donc censé connaître le procédé. Deuxièmement... des enfants sont enlevés de l'orphelinat ? Que deviennent-ils ? Que dit-on à leurs familles ? Essayant de dissimuler ma surprise, je lance un regard à Sacha.

— Je sais extraire les programmes, dit-il. J'ai été programmateur.

— C'est bien ça, le problème, répond Hugo : tu étais

seulement programmateur. Un extracteur nous aurait été plus utile…

Sacha se braque. Thaddé en rajoute une couche :

— Si les cancellers n'avaient pas débarqué, tu lui aurais bousillé la moelle épinière.

— Je savais ce que je faisais ! s'emporte Sacha.

— Seuls les extracteurs connaissent le truc. Crois-moi, je parle en connaissance de cause, insiste Thaddé.

J'avale ma salive péniblement. La moelle bousillée ! J'essaie tant bien que mal de chasser cette image de mon cerveau. Sacha paraît songeur. Quand son regard croise le mien, je vois qu'il s'affole.

— Tu ne pouvais pas savoir, dis-je pour l'apaiser.

Mais je comprends son désarroi. Je décide de changer de sujet :

— Pourquoi personne ne fait rien contre vous ? Les gens de Teik Walley connaissent votre existence, maintenant ! Et ces enfants que vous enlevez (zut, j'aurais dû dire « sauvez »), comment l'explique-t-on là-bas ?

— Ils ne se souviennent de rien depuis que nous avons conçu le démantec.

Sacha et moi fronçons les sourcils.

— C'est un dérivé de leur foutu sédatif, poursuit Thaddé, qu'on se fait fournir par des infiltrés. Un saut au labo, et on obtient un sérum qui endort et efface la mémoire à court terme. À leur réveil les transplanteurs n'auront plus aucun souvenir de ce qui vient de se passer. Certains sont sûrement au courant pour nous, mais ils ne savent pas qui on est exactement, ni d'où l'on vient. Disons que tout ça est étouffé…

J'ai du mal à croire que ce monde parallèle existe vraiment – une tribu de néo, une île de déficients, perdue au large de Mandar, des espions au sein de la population, des laboratoires clandestins qui jouent avec les propriétés du sédatif... Cela a l'air d'une fiction, et pourtant c'est bien réel. Comment ai-je pu ignorer ça pendant des années ? Je revois mes certitudes, et en viens à la conclusion que ma mère n'était pas une malade, mais une rebelle. Seulement, elle n'a pas eu la chance de pouvoir fuir comme moi, et a dû vivre l'enfer chaque fois qu'on la transférait en centre de reboot. Elle aurait été si heureuse de faire ce que j'ai fait et de se retrouver ici ! Je vois défiler l'image de chacun de mes proches – mon père, mes grands-parents, Hugues Nevess, Déva, Molly... – et je me dis que, même si leur ignorance les rend heureux en quelque sorte, je voudrais qu'ils connaissent ce que je viens de découvrir. Eux aussi ont le droit de savoir ce que ça fait de vivre à l'état naturel. Ils ont le droit de savoir que la déficience n'est pas ce qu'ils croient. Au contraire, elle rend intense, omniscient, vif d'esprit. Si ce peuple existe, c'est que l'homme est capable de vivre sans être contrôlé par une quelconque puce électronique.

— Nous nous battrons à vos côtés, dis-je. Et je deviendrai une néo pour de bon, comme vous.

Je ne sais pas dans quoi je m'embarque, mais je sens que c'est la meilleure chose à dire.

32.

Sur l'île règne un tout autre climat que sur le Continent. Les personnalités sont tellement uniques et invraisemblables ! Il me faut à peine quelques minutes pour le comprendre, rien qu'en observant les gens, leur gestuelle, leurs expressions.

La première à me surprendre est une dénommée Anna, qui me saute dessus à notre arrivée, piaillant et virevoltant comme une hirondelle de printemps. Elle m'enlace, me presse les épaules, valse autour de moi en riant. Elle me donne le tournis. Une autre fille se contente de me serrer la main froidement avant de me souffler à l'oreille que j'ai intérêt à me tenir à carreau. Elle paraît si jeune… Et pourtant son regard glacial me transperce. Cette fille me prend pour une déficiente, je le vois dans ses yeux. Elle n'arrête pas de nous fixer avec insistance.

— Arrête, Zéphia, intervient quelqu'un derrière elle.

Une dame aux yeux de chat verts, qui porte une longue natte brune, pose la main sur l'épaule de la fille.

— Calme-toi, dit-elle. Ils sont des nôtres.

Elle nous serre chaleureusement dans ses bras. C'est étrange, cette manière qu'ils ont de faire comme si nous

nous connaissions déjà. Comme si nous étions juste rentrés d'un long voyage. La fille aux yeux de glace – Zéphia – semble se ressaisir, mais elle garde un air triste et terne.

L'atmosphère change de nouveau lorsqu'un vieil homme s'avance, vociférant que personne ne l'a averti de notre arrivée, qu'il ne sait rien de nous. Il est furieux de ne pas pouvoir nous accueillir « convenablement ». Il me fait peur, à fouetter l'air de sa canne. Je me recule derrière Sacha ; il ne manquerait plus que je me prenne un coup ! La dame aux yeux de chat se précipite vers lui, l'air exaspéré.

— Du calme, Théo ! Ce sont les deux rescapés du Continent : tu sais… Jade Stone…

Elle marque un temps, comme pour s'assurer que le vieux l'écoute bien.

— … et Sacha Fleery.

SACHA FLEERY. Elle a insisté sur son nom. Ils ont dû entendre parler de lui, le néodéficient de Laemons Plazz. Le vieux nous dévisage, interloqué. Il bredouille quelques mots inaudibles, puis nous souhaite la bienvenue.

Drôle de personnage…

Il s'en va en s'appuyant sur sa canne, son corps sec tout tremblotant. Malgré son âge, il a des cheveux et une moustache d'un noir brillant qui lui donnent une certaine allure.

J'interroge du regard Hugo et Thaddé, qui nous expliquent : Théodore Fikks est le chef de la communauté, qui perd un peu la boule ces temps-ci, et la dame aux yeux de chat, Sofia, est sa compagne. Zéphia est leur fille adoptive, issue d'un premier sauvetage d'enfants, tandis que la joyeuse Anna est leur enfant biologique. Cette famille à elle seule résume bien toute la complexité de cette tribu de néo.

On ne va pas s'ennuyer…

On nous a vus arriver de loin, et bientôt c'est la cohue.

Sacha et moi nous regardons, mi-inquiets, mi-curieux. Les gens ne sont pas ordonnés, figés, ternes, comme sur le Continent. Ils sont bruyants, dissipés, pleins de vie. C'est étourdissant. Sacha doit remarquer mon trouble, car il me saisit la main et l'enveloppe dans la chaleur de sa paume. Puis il sourit et me lance un regard rassurant, l'air de dire : « Tout va bien. » En effet, tout va bien. Nous sommes sains et saufs, protégés ; nous pouvons souffler un peu. Je me détends et rends à Sacha un sourire confiant. S'il n'y avait pas tant de monde, je l'embrasserais.

Mais à présent une foule de néo se presse autour de nous, et je redescends de mon nuage. Certains nous accueillent avec bienveillance, d'autres semblent méfiants. Ça se voit tout de suite dans leur regard : comme ils ne sont pas digitaux, ils ont du mal à cacher leurs émotions.

Une vieille dame traverse la foule en se dirigeant droit sur nous, les yeux brillants. Sacha, qui est en train de rire avec des enfants, ne la voit pas. Elle me sourit. Lorsqu'elle est devant nous, Sacha relève la tête, et l'inconnue semble prise d'une émotion indéfinissable.

— C'est lui, dit-elle d'une voix brisée.

Elle caresse la joue de Sacha, qui me lance un regard intrigué. Puis elle se tourne vers moi et plonge son doux regard dans le mien.

— Merci, dit-elle simplement.

Merci pour quoi ? Je n'ai pas le temps de m'interroger, car Sofia saisit la vieille par le bras et lui dit :

— Oui, Béa, c'est lui. C'est le néo du Continent.

Elle nous lance un sourire embarrassé puis entraîne Béa à l'écart. Tout ça est vraiment étrange.

Soudain, les choses s'accélèrent. Nous sommes conduits sur la place du village, où l'on m'annonce qu'on va me désigner un tuteur. On me demande de prendre place sur un banc en bois. Je m'exécute au milieu des murmures de l'assistance. Sacha s'assoit à côté de moi et m'adresse un petit clin d'œil pour me rassurer. Puis il se colle à moi et pose sa main sur ma cuisse, sans prévenir. Troublée, je baisse les yeux en rougissant : ces gens-là ont-ils compris ce qui se passe entre Sacha et moi ? Je suis de nouveau sur un petit nuage, car voilà, c'est officiel : Sacha et moi, nous sommes ensemble.

Une agitation subite me sort de mes pensées. Tout le monde s'affaire, chuchote, se concerte, l'air très sérieux. Manifestement, la chose est importante à leurs yeux. Thaddé vient s'installer à côté de moi et nous explique ce qu'il se passe. Il paraît qu'il est primordial pour les personnes de... de ma condition d'avoir un tuteur, responsable de ma sécurité. Il devra surveiller mes moindres faits et gestes pour prévenir l'éventuel réveil de ma puce digitale. Au moment où le vieillard, Théodore Fikks, interroge l'assemblée, Hugo se lève.

— Moi, Hugo Spark ! dit-il d'un ton théâtral. Je veux bien être son tuteur.

Son intervention provoque dans le public des murmures et des regards curieux. Ce grand gaillard sec aux cheveux en bataille veut être en charge de ma sécurité ? Ah.

— Tu en es sûr ? intervient Thaddé en sautant sur ses pieds. Tu t'en sens capable ?

Hugo hoche la tête, imperturbable.

« Bon. »

Cela signifie que cet homme me suivra désormais comme mon ombre, que je le veuille ou non. Sacha semble dubitatif, et un peu perturbé. Je lui prends la main, puis Hugo nous fais signe de le suivre. C'est donc en tant que mon guide et tuteur qu'il nous conduit jusqu'à notre « zone », à environ deux kilomètres de la place du village. Nous suivons un sentier de terre battue bordé par la jungle. Cette nature luxuriante, grouillante de je ne sais quelle vie, me donne le tournis. J'ai du mal à réaliser que cette scène est réelle...

Hugo est bien silencieux. Je lui demande :

— Vous aviez entendu parler de nous ?

— Quoi ? fait-il, l'air absent.

Je suis sûre qu'il m'a comprise ; alors, je développe :

— Pourquoi la vieille dame a eu cette réaction bizarre en voyant Sacha ? Et Théodore... Il s'est tout de suite calmé quand il a entendu son nom !

Hugo ne répond pas tout de suite. Ses yeux s'assombrissent alors que nous empruntons un chemin obscur. Les arbres y forment un toit végétal naturel impénétrable qui cache le soleil. Nous devons nous baisser pour franchir ce tunnel de feuillages et de branches.

— Oui, finit par dire notre guide en dégageant le passage. À bord de l'aéroplane nous avions intercepté une alerte radio. Mais nous ne savions pas où vous étiez exactement.

— Alors, vous nous avez découverts par hasard ?

— Non. Un infiltré du centre nous avait prévenus que les cancellers vous avaient trouvés dans le labo.

— Je croyais que vous étiez en mission « sauvetage d'orphelins » ?

— Oui, en principe. Mais nous avons modifié nos plans.

Je reste perplexe. Je pensais qu'ils étaient tombés sur nous par hasard.

— Et Béa, la vieille dame, qui avait l'air si heureuse de nous voir ! Pourquoi ?

— Béa est très âgée, répond Hugo sèchement, je suppose qu'elle est heureuse qu'il y ait du sang neuf sur l'île.

Il écarte une dernière branche et nous fait signe d'avancer. Au passage, il plante ses yeux sombres dans les miens et je devine que je dois cesser de poser des questions.

— Voilà, nous y sommes, annonce-t-il.

Nous arrivons dans une clairière perdue au milieu de la forêt, où se dressent des habitations en bois. Simples mais bien conçues, elles bénéficient de matériaux élaborés : les toits, composés de silicium, captent l'énergie solaire, elles ont des fenêtres vitrées, et je vois même une citerne d'antigravité au détour d'un chemin. Ça me rassure un peu, car je ne suis pas sûre d'être capable de vivre à la dure pour de bon... Les camps de vacances sécurisés auxquels j'ai participé étaient parfaitement encadrés et ne duraient que quinze jours maximum. Ici, ça n'est plus un jeu. Je réalise que je suis là pour toujours, et ça me fait tout drôle...

Nous entrons dans une de ces cabanes sophistiquées dont le décor me surprend. Tout est naturel, chaleureux, inhabituel : du bois, de la pierre, des corbeilles de lianes tressées... Mais également un socle de recharge pour digipad, posé sur une commode en tek. Je reconnais le halo bleu de la source d'énergie, le seul objet métallique de la pièce. Super : si j'arrive à me dégoter un digipad, je pourrai de nouveau admirer la sphère bleue ! Je veux avoir confirmation que ma mère était au courant pour l'île, et qu'elle cherchait à me protéger. Qu'elle aussi, elle se serait enfuie si elle l'avait pu...

Hugo propose de nous laisser nous débarbouiller et nous reposer un peu. Je me rends dans la salle d'eau pour me débarrasser de la crasse accumulée depuis notre fugue.

J'observe mon corps nu dans le miroir en pied et je découvre des traces de lutte. Je fais courir mes doigts le long d'une griffure oblique qui s'étend de mes côtes à mon nombril. Je regarde le bleu que j'ai sur l'avant-bras gauche, et revois Sacha qui m'empoigne lors de ma rechute dans les bois.

Je me tourne pour vérifier l'état de mes points de transfert. Le halo vert fluo est encore là. Je ne comprends toujours pas ce qui me différencie d'une néo… En continuant mon inspection, je découvre un hématome sur ma fesse droite, dont les contours virent au jaune violacé. Sa vue me déclenche un frisson dans le bas du ventre. Il me rappelle mon étreinte avec Sacha ce soir-là, lorsque nous sommes tombés l'un sur l'autre, emportés par notre fougue.

Alors, je repense à ma vie d'avant, et je ressens de la colère. Pourquoi n'avons-nous pas le droit de vivre ces choses-là ? Personne sur le Continent ne peut éprouver ce sentiment que la vie est dangereuse, palpitante, éphémère, sentiment qui nous donne *envie* d'exister et fait battre plus fort le cœur. Pourtant c'est notre nature ! Si seulement je pouvais retourner là-bas pour hurler à tout le monde que nous avons compris la leçon, que nous ne recommencerons plus les erreurs de ceux qui nous ont précédés sur Terre, et qui l'ont saccagée ! La punition a assez duré.

Une phrase de Sacha me revient soudain en mémoire. Il me l'avait soufflée au centre, lorsqu'il était encore enfermé : « Il y avait d'autres solutions. Ils n'ont pas le droit de nous faire ça. » Et c'est exactement ça ! Je veux lui dire maintenant. Je veux lui dire que j'ai compris !

Alors, je me rhabille sans réfléchir, sors de la salle d'eau et explose :

— Tu avais raison Sacha : il y avait d'autres solutions ! Ils n'ont pas le droit de nous faire ça ! Il faut qu'on reparte leur dire !

Sacha et Hugo me dévisagent, ahuris, comme si j'étais

folle. Je comprends que je n'ai pas fière allure : je suis sale, débraillée, révoltée, alors que tout allait bien il y a encore cinq minutes. Mon tuteur s'approche de moi avec un drôle d'air, presse sa main sur mes points de transfert, et je sens une onde de choc me traverser tout le corps.

33.

Je le repousse en hurlant :

— Qu'est-ce que tu fais ?

— J'ai cru que tu faisais une rechute, répond-il après un moment d'hésitation. Mais je me suis trompé.

Sa nervosité est palpable.

— Pourquoi tu t'es emportée comme ça ? poursuit-il. Tu dois comprendre que le moindre écart de comportement peut être mal interprété ici.

J'insiste :

— Qu'est-ce que tu m'as fait ?

Sacha s'interpose entre nous.

— Que s'est-il passé ? Dis-moi, Hugo !

— J'ai réveillé l'instinct.

— Tu as… fait quoi ? dis-je, incrédule.

— J'ai une micro-puce implantée dans la paume. D'une simple pression sur tes points de transfert, je peux établir une connexion entre nous. J'ai pu lire en toi, et je vois que tu es toujours des nôtres.

— QUOI ?

Je me mets à arpenter la pièce de long en large, comme Sacha le faisait dans sa cellule, à Laemons Plazz. J'ai encore cette image en tête et, oui, je suis exactement dans le même état. Je suis perdue, je ne comprends pas, je n'arrive pas à m'empêcher de bouger, j'en ai besoin pour me calmer.

— Ce n'est rien du tout, tente de me rassurer Hugo en m'attrapant par les épaules.

Rien du tout ? Mais ça ressemble à un viol ! Pendant quelques secondes, il a pris possession de moi, pleinement. J'ai senti l'onde de choc me traverser le corps tout entier, et j'ai perdu le contrôle de moi-même. Je me suis sentie vulnérable, dépossédée, trahie. Sauf que ça n'était plus une puce électronique qui me possédait, mais un homme. Je ne veux pas lui appartenir de cette façon. En aucun cas !

Je ne sais pas comment exprimer tout ça sans paraître ridicule. Pour eux, c'est juste un moyen de protéger leur île ; pour moi, c'est une intrusion insupportable.

— Même si je n'étais plus des vôtres, qu'est-ce que ça pourrait bien faire ? dis-je sur la défensive. Nous sommes sur une île, aucun moyen de s'échapper !

— Ce n'est pas l'île que nous protégeons ; c'est toi. De toi-même. Avant qu'il ne soit trop tard.

— Trop tard pour quoi ?

— Que se passerait-il, à ton avis, si tu redevenais digitale, définitivement ? Si ton programme de base reprenait le contrôle ? Te retrouverais-tu en léthargie pour le reste de tes jours ? Deviendrais-tu folle ? Quel serait le choix de ton programme pour ta survie ?

Il dit ça d'un ton furieux, comme si cela évoquait des souvenirs douloureux. Je poursuis :

— Et qu'aurais-tu fait si tu avais… si tu avais décelé une défaillance en moi ?

— Je t'aurais administré une dose d'adrénaline. C'est assez efficace.

— L'adrénaline…, lâche Sacha.

— Je n'en manque pas ces temps-ci, dis-je dans un souffle.

Je repense à cette nuit à bord du Blaster où j'ai basculé de nouveau de « l'autre côté ». Tout était noir, calme, silencieux. *Trop* noir, *trop* calme, *trop* silencieux. Comme dans une chambre d'isolation sensorielle… Alors, tout se démêle dans ma tête. Le premier baiser de Sacha, dans sa cellule… trop d'adrénaline. C'est là qu'a commencé ma déficience. Tout est lié à l'adrénaline ! Ça paraît évident. Au centre de reboot, on a compris que l'isolation sensorielle permettait d'obtenir de meilleurs résultats. Il faut croire que je n'ai pas connu de poussée d'adrénaline assez forte pour devenir néo… Qu'est-ce qui cloche chez moi ?

— Ça n'est pas seulement ça, explique Hugo. Et tu ne dois pas te sentir inférieure à nous. Vous, les instables, êtes à la base de notre existence. C'est grâce à vous que les néo sont là. Nous avons du respect pour les gens comme toi.

Je le fixe avec méfiance et étonnement. Que va-t-il me raconter encore, pour gagner ma confiance ? Il reprend, l'air de rien :

— Les néo existent parce que quelqu'un a introduit une anomalie dans l'un des programmes digitaux. C'était un instable, comme toi, qui continuait à exercer son métier, à paraître digital, mais qui ne l'était plus vraiment. C'est comme ça que les premiers néo sont nés. D'autres instables ont poursuivi le travail en améliorant toujours le procédé lors de la transplantation. Tu te souviens sûrement des premiers néo qui ont été découverts ?

Je hoche la tête, impressionnée par ces révélations, et je repense aux rebelles de Stargs. Mais je ne sais toujours pas si je dois croire à cette histoire.

— Ils ont résisté plus longtemps au reboot que n'importe qui d'autre. Mais les guérisseurs ont fini par les rendre digitaux de nouveau. Puis, à force d'essayer, un instable a réussi : il a programmé une bombe à retardement. Un programme qui s'autodétruit à maturité. Quelques personnes dans le monde ont la chance d'en posséder un. C'est au moment du Transfert que tout se joue. Après l'implantation, plus rien n'est possible. Nous ne parvenons pas à modifier les programmes, ni à les détruire sans endommager le système nerveux du sujet. Notre communauté compte quelques néo, mais pour la plupart, nous sommes des enfants enlevés avant le Transfert et des natifs de l'île. Nous avons déployé beaucoup d'instables sur le Continent ces dernières années. En attendant de trouver le moyen d'éradiquer le digitalisme, nous espérons accroître le nombre de néo sur Terre.

— Seront-ils assez nombreux pour qu'on puisse considérer que le monde est en mutation ? intervient Sacha.

— Assez pour dire que le projet des autorités est en train d'échouer.

Je sens une nouvelle décharge d'adrénaline monter en moi. Qui ça ? Quel projet ? Mon cœur s'emballe, je vois plein de perspectives se dérouler dans mon esprit. Je retrace mentalement le parcours des déficients, des instables, des néo, et tout s'éclaire. Les pensées qui m'ont poussée à sortir de la salle de bains en hurlant ont enfin un sens. Ça n'est pas que dans ma tête ; il y a réellement quelqu'un qui tire les ficelles de tout ça, qui a décidé de nous punir pour le passé des Terriens. Nous sommes au sein d'une expérience, et ça change beaucoup de choses.

— Oui, ça change tout, murmure Hugo. Nous entrons dans une nouvelle ère.

Je le fixe, surprise : est-ce une coïncidence s'il répond à

toutes les questions que je me pose mentalement ? Comment sait-il que… ?

Je souffle :

— Tu lis toujours dans mes pensées ?

Il marque un temps avant de répondre. Ça suffit amplement à le trahir.

— Pas vraiment… je ne sais pas…

— Ne me prends pas pour une idiote !

Je m'approche de lui d'un pas ferme et le regarde dans les yeux.

— Non…, bredouille-t-il, mais il est possible que la connexion perdure pendant quelques instants. Rien de bien méchant…

— Rien de bien méchant ? Hugo ! Tu lis dans mes pensées ! Je te l'interdis, tu m'entends ?

— En réalité, je ne m'en rends même pas compte, prétend-il. Il s'agit juste d'une intuition éphémère.

Sacha, qui a suivi la scène avec confusion, sort de ses gonds.

— Je ne veux plus que tu la touches ! Je connais ses réactions, c'est donc à moi dorénavant de te donner l'ordre d'intervenir, compris ?

Ainsi, l'un et l'autre essaient de s'approprier le droit de contrôler mon esprit ! Prise d'un vertige, je me remets à déambuler dans la pièce. Trop d'informations nouvelles en si peu de temps… Je suis épuisée. Je viens d'apprendre que je suis en guerre contre le reste du monde, un homme que je ne connais que depuis quelques heures vient de me pomper mon énergie en se « connectant » à moi, et il lit dans mes pensées. Je vacille.

— Tu es toute pâle, remarque Sacha, inquiet.

— Pas étonnant, commente Hugo. Vous avez besoin de repos. On va se calmer, OK ?

Ils me regardent d'un air penaud, avant de s'élancer vers moi d'un même élan pour m'empêcher de tomber. Tout étourdie, je me laisse entraîner vers l'escalier en bois et nous montons à l'étage. Ils me soutiennent fermement, et cette proximité m'insupporte. Leurs bras autour de ma taille, leurs mains sur mes épaules, leur regard insistant… Je n'aime pas cette façon qu'ils ont de vouloir prendre chacun le contrôle sur moi. Arrivée en haut de l'escalier, je me libère brutalement. Mais Sacha saisit ma main et m'attire à lui. Venant de lui, cela ne me dérange pas. Je me blottis contre lui. L'air agacé, Hugo nous désigne une porte entrouverte.

— Votre chambre, dit-il froidement. Vous feriez mieux de vous reposer.

Nous entrons dans la pièce ; Hugo, lui, reste sur le seuil à me fixer d'un drôle d'air.

— Fais attention à elle, recommande-t-il à Sacha d'une voix nouée. Elle est instable, ne l'oublie pas.

— Tu crois que je suis idiot ? grogne Sacha en réponse.

Hugo finit par me lâcher des yeux et referme la porte.

Je pousse un soupir de soulagement : nous sommes enfin seuls, Sacha et moi ! Sacha se plante devant moi, m'attire à lui brusquement et soupire, lui aussi. Je sens mon cœur s'emballer. Son odeur envahit mes narines, son souffle m'électrise. Lorsqu'il dépose un baiser délicat dans mon cou, je frémis. Mes yeux se ferment lentement… Puis il se détache de ma gorge et murmure :

— Tu as besoin de te reposer.

Je suis sonnée, honteuse qu'il m'ait vue fermer les yeux, prête à succomber. Quelle idiote je fais ! Alors, je hoche la tête, et il m'entraîne vers le lit. Oui, je dois me reposer. Je m'endors dans ses bras, avec un sentiment étrange de frustration.

Je me réveille plusieurs fois dans la nuit, perturbée d'être dans ce nouvel endroit, et troublée d'être si proche de Sacha. Je me redresse, fatiguée par ce sommeil agité.

Je me penche sur Sacha, qui dort paisiblement. Un rayon de lune éclaire son visage et rend sa beauté encore plus troublante. Je m'approche encore de son visage parfait, et mon cœur s'accélère. L'adrénaline ! Seul Sacha est capable de me procurer cette sensation vertigineuse. Ma bouche est maintenant tout près de la sienne…

Il ouvre les yeux, mais je ne recule pas, comme j'ai fait lorsque nous étions devant le feu de camp dans les bois. Je ne me défile pas. Cette fois, c'est moi qui ne lui laisse pas le choix. Mon cœur bat à cent à l'heure, mais je n'ai pas peur. Je l'embrasse. Et ce baiser est différent de ceux que nous avons échangés jusque-là. Ce n'est pas un premier baiser maladroit, ni un baiser pour contenir Ruby, ni un baiser d'adieu. C'est le baiser du désir. Simplement. Sacha semble hébété, il n'a pas l'air de comprendre ce qui lui arrive. Puis je sens son pouls s'emballer et il me serre fort contre lui. Nos jambes s'emmêlent, ses mains agrippent mes hanches : il me soulève et me renverse sur le dos. Il me rend mon baiser avec passion, et mon cœur s'affole.

— Jade…

Je rouvre les paupières, un peu sonnée. Sacha me fixe de ses yeux brûlants. Alors, je reprends mes esprits et efface cet air idiot que je dois afficher. Je l'écoute poursuivre dans un souffle :

— Nous sommes en sécurité, maintenant. Et… et je ne veux plus jamais te perdre, ajoute-t-il avec ferveur.

Un éclair illumine son regard lorsqu'il ajoute :

— Tu es tout ce qui m'importe désormais. Je ne pourrais plus vivre sans toi. J'ai *besoin* de toi. À jamais. Sache-le.

Oh. Mon air idiot est revenu. Je ne sais combien de temps il s'écoule avant que je ne referme ma bouche entrouverte. Je suis bouleversée. Puis je pense à Ruby, comme pour me gâcher le plaisir. Elle constitue toujours une barrière invisible entre lui et moi. Je ne suis pas tout à fait « en sécurité ». Je ne serai jamais vraiment sereine tant que son ombre planera au-dessus de moi. Je me ressaisis et réponds :

— Et toi, sache que tes baisers me font perdre la tête.

Il me saisit doucement par la nuque et me force à relever le menton. Ses yeux brillent si intensément ! Il m'embrasse de nouveau, comme pour me provoquer, ou me rassurer, je ne sais pas. Je m'en fiche. Je suis paisible, soulagée. Ce baiser, ces mots, c'était juste ce qu'il me fallait. Je me niche au creux de son cou, comblée, pour m'enivrer de son odeur.

34.

Je retourne péniblement la terre avec ma bêche depuis près d'une heure sous un soleil écrasant. C'est Béa, la vieille dame, qui nous l'a appris. Elle connaît les plantations comme sa poche pour y avoir passé une bonne partie de sa vie. Née sur l'île, elle est une des premières natives. Cette femme me fascine. Elle n'a jamais eu de puce digitale, et pourtant c'est un exemple de douceur et de gentillesse. Aujourd'hui, Béa est trop vieille pour accomplir les tâches ardues que réclame le travail aux champs. Elle supervise donc les opérations. On voit qu'elle voue un amour inconditionnel à ses cultures. Béa n'aime pas les nouvelles technologies apportées par les néo sur l'île au fil du temps. Elle ne jure que par la nature, la terre et le soleil.

Mes muscles sont tout endoloris, mes mains couvertes d'ampoules. Sacha et Hugo tentent de m'apporter de l'aide, mais c'est compter sans Béa, qui veille au grain.

— Elle n'est pas en sucre, gronde-t-elle. Elle se débrouille très bien toute seule !

Je serre les dents. Il faut que mon corps s'accoutume au travail physique. Si une fille comme Anna, tellement frêle et gracile, y arrive, je peux le faire aussi.

La terre est si dure, le soleil si brûlant… Je me surprends à rêver d'un travail à la rizière : oh, plonger les pieds dans l'eau, enfoncer mes orteils dans la boue fraîche… Mais il y a assez de monde là-bas ; je dois attendre le prochain cycle. On m'a expliqué que nous changeons de travail tous les six mois, ce roulement permet d'éviter les querelles entre les habitants de l'île.

Le soir, nous mangeons le fruit de nos récoltes et je vois maintenant les aliments d'un autre œil. Finis, les repas en gélules ; finis, les colis livrés tout prêts par le centre d'alimentation. Nous pouvons manger ce que bon nous semble, quand bon nous semble, et j'y trouve beaucoup de plaisir. Je remarque quelques personnes en surpoids ; je les trouve bizarres, mais je ne dis rien. Il y a une fille surtout, qui me fascine. Elle a une poitrine généreuse, des fesses imposantes et rebondies, un visage jovial. Ces formes la rendent belle et voluptueuse. Je ne me prive pas de manger un peu plus, du coup.

Au bout de deux semaines de travail, on me donne un digipad. Ça marche comme ça ici : on travaille un certain nombre d'heures, et en échange on peut obtenir du matériel. Je n'ai pas l'habitude de fonctionner de cette façon ; ça me surprend au début, et puis je m'y fais. Sur le Continent, nous accomplissons nos tâches sans rien demander en retour. Nous estimons que le logement, la nourriture, les vêtements et le Blaster fournis par les autorités nous rendent redevables vis-à-vis d'elles.

Ici, nous faisons une distinction entre le « travail communautaire », et le « travail à des fins personnelles ». Nous démarrons avec le strict minimum, la « base sociale » ; puis nous pouvons réclamer quelques biens supplémentaires. Sacha a insisté pour travailler autant que moi ; il m'a accompagnée même pendant mes heures supplémentaires. Je crois qu'en réalité il a peur de me laisser seule avec Hugo. Car, bien entendu, mon tuteur me surveille en permanence. Je dois faire attention à ne pas trop m'emporter quand il est dans les parages pour qu'il n'essaie pas de se reconnecter à moi pour « vérifier si tout va bien ». Je ne veux pas qu'il puisse lire en moi de nouveau. La dernière fois, ça a mal tourné.

Ça remonte à ma deuxième nuit ici, après une soirée où nous avons goûté à ce breuvage bizarre, l'extrait de raisin. Au début, j'étais étrangement heureuse, insouciante, euphorique. J'ai ri avec tout le monde, je me sentais à l'aise, parfaitement à ma place ; je me souviens d'avoir souhaité que ce moment ne s'arrête jamais.

Puis tout s'est mis à vaciller autour de moi. Je ne savais pas que cette boisson fermentée pouvait déstabiliser un être humain à ce point. Du coup, je flottais au lieu de marcher, je tanguais au lieu de danser – car, oui, on nous avait entraînés dans une ronde infernale au milieu de la place – et la chaleur des flambeaux, allumés à la tombée de la nuit, me faisait suffoquer. Quand un homme s'est mis à me brailler dans les oreilles – en réalité, il chantait... –, je me suis trouvée mal. J'ai fui la foule pour vomir derrière une cahute. J'ai fini par m'assoupir sous un buisson au feuillage frais et humide.

Sacha et Hugo n'ont pas réussi à me réveiller, et c'est là qu'Hugo a de nouveau utilisé l'instinct afin de s'assurer que je n'étais pas en train de redevenir digitale. Nous sommes ensuite rentrés, mais, une fois que j'ai été au lit, une soif inhabituelle m'a empêchée de trouver le sommeil. J'ai donc allumé une bougie et je suis descendue dans la cuisine.

Dans l'obscurité, je me suis retrouvée nez à nez avec Hugo, et il a ri lorsque j'ai bondi en arrière telle une bête affolée. Je me suis brûlée, et j'ai lâché la chandelle sur le sol. Nous nous sommes mis à genoux en même temps pour la ramasser.

C'est là qu'il m'a embrassée.

Et que je l'ai repoussé violemment.

— Pardon ! ai-je dit, surprise moi-même par ma réaction.

— Non ! C'est moi, je n'aurais jamais dû... Je... Excuse-moi !

Quand il a rempli une carafe d'eau sans que j'aie à le demander, j'ai compris qu'il était encore une fois mentalement connecté à moi.

— Oublie ça ! a-t-il lâché avant de disparaître dans sa chambre.

Je suis restée là quelques minutes, pétrifiée, à contempler la flamme vacillante de ma bougie, avant de me décider à aller le rejoindre. Je voulais une explication.

— Va dormir, m'a-t-il lancé lorsque je me suis approchée de son lit. C'est bon, je suis désolé ! Va-t'en !

Il avait pris un air dur et froid, mais ça n'a pas suffi à me faire renoncer.

— Pas avant que tu m'aies expliqué certaines choses.

— Très bien. Que veux-tu savoir ? Si j'ai des sentiments pour toi ?

— Non ! Bien sûr que non. Tu lis en moi... en ce moment ?

— Non. Plus maintenant. Mais, tout à l'heure, j'ai cru que...

— Tu as cru que quoi ?

— Laisse tomber.

— Dis-moi.

— Eh bien, j'ai cru que tu avais envie que je t'embrasse.

J'ai senti le sang me remonter dans les tempes et mes joues s'empourprer de colère et de honte.

— Je n'ai jamais pensé ça ! ai-je hurlé.

Il a porté sa main à ma bouche pour me faire taire.

— Chuuut ! Tu n'en as peut-être pas eu conscience, mais crois-moi, je l'ai ressenti.

— C'est faux !

Je suis partie en claquant la porte, et nous n'en avons jamais reparlé. Depuis ce jour, je fais tout ce que je peux pour me contrôler. Je ne veux pas qu'Hugo puisse s'immiscer en moi une fois de plus. Non pas que j'aie quoi que ce soit à cacher ! C'est juste que je n'aime pas la sensation que ça me procure.

Voilà ce qui explique que l'on se comporte à présent comme deux nigauds, aussi gênés l'un que l'autre. Je crois que Sacha le perçoit et s'imagine des choses. Du coup, il regarde Hugo comme un ennemi.

En revenant de la plantation aujourd'hui, j'ai envie d'être seule. Je serre mon nouveau digipad contre ma poitrine, comme l'objet le plus précieux qui soit. Je dois le mettre le plus vite possible en charge. Hugo me montre toutes les fonctions que je peux utiliser ici, je hoche la tête, mais une seule m'intéresse réellement : celle qui me permettra de lire une carte digitale cryptée.

Quand je me retrouve enfin dans ma chambre avec le digipad, l'excitation retombe comme un soufflet. Je regarde la boule bleue qui s'élève en face de moi, et je n'arrive pas à en tirer quoi que ce soit. J'y vois juste le Continent en surbrillance, rien d'autre. Pas de petite tache dans l'océan, pas de représentation de l'île.

Sacha sort de notre salle de bains, une serviette autour des hanches. Mes yeux s'attardent un instant sur son torse nu.

— Tu crois qu'il y a autre chose ? dit-il.

Je détourne vite le regard vers le globe et reprends un air concentré.

— Autre chose que quoi ? Cette stupide boule ne nous a servi à rien, en fin de compte !

Il rit, mais c'est la stricte vérité.

— C'est peut-être à toi d'en faire quelque chose.

Je fronce les sourcils, et il m'explique.

— Ta mère comptait sur toi pour échapper à ta vie de digitale. À toi d'ouvrir la voie, de poser ta marque sur cette boule. *Notre* marque. *Notre* île.

— Tu veux que je modifie la carte pour y implanter les coordonnées de l'île ?

— Ça peut être un bon début.

Je fais la moue tout en me demandant pourquoi j'attache tant d'importance à cette projection.

— Tiens, c'est drôle, dis-je en passant mes doigts sur le contour du Continent. Il y a comme un défaut dans l'image...

Sur la face opposée du globe se dessine l'ombre du Continent. Je montre à Sacha que ses contours sont moins réguliers que ceux du Continent. Il se penche pour mieux voir, et mon visage se retrouve tout près de son torse nu, ce qui me déconcentre de nouveau. Le fait-il exprès ?

— Tu devrais aller t'habiller, dis-je sans réfléchir.

— Quoi ?

Il fait un pas en arrière et plonge ses yeux dans les miens.

— Je... je voudrais qu'on sorte un peu, fais-je d'un air idiot. Alors, tu devrais t'habiller.

C'est tout ce que je trouve à dire pour rattraper le coup.

— Comme tu veux...

Soudain, il se penche vers moi, l'air amusé. Il va… il va m'embrasser ! Mon rythme cardiaque s'accélère, je sens l'adrénaline se répandre en moi à la vitesse de l'éclair. Il pose ses lèvres sur les miennes…

À cet instant, Hugo débarque dans la chambre.

Oups.

Nous nous détachons l'un de l'autre et je m'empresse de faire disparaître la projection terrienne. Sacha se gratte la nuque, gêné.

— Ils ont besoin de moi au labo, dit Hugo. Vous venez ?

Comme si j'avais le choix ! Je demande :

— Que se passe-t-il ?

— On a de nouveaux cobayes. La recherche peut reprendre.

De nouveaux cobayes ? C'est quoi, cette histoire ?

— Tu me laisses me rhabiller ? grogne Sacha en passant le bras autour de mes épaules.

Hugo repart en claquant la porte. Je fouille l'armoire à la hâte et lance un tee-shirt à Sacha.

— Allez, dépêche-toi !

Pour toute réponse, il me donne un baiser furtif et esquisse un petit sourire en coin, renversant.

35.

Le labo est propre, blanc, immaculé. Seuls les feuillages exotiques flottant devant les fenêtres nous rappellent que nous sommes en pleine nature. En suivant le couloir principal, nous apercevons à travers de grandes vitres des hommes et des femmes qui manipulent tubes à essais et microscopes. L'atmosphère me rappelle vaguement celle du centre de reboot, je suis gagnée par l'angoisse. Je n'ai pas osé demander à Hugo qui sont les cobayes et ce qu'on leur fait. Je ne *veux* pas savoir.

— Vous allez patienter ici, dit-il.

Il nous fait entrer dans une salle d'attente vide et froide.

— Si vous avez besoin de moi, je serai à côté.

Je fronce les sourcils, étonnée.

— On ne vient pas avec toi ?

— Non. Vous ne devriez pas être ici, en principe. Alors, tenez-vous tranquilles.

— Qu'est-ce que vous faites, là-dedans ?

Je ne *voulais* pas savoir, mais les mots sont sortis tout seuls de ma bouche. Le côté secret de tout ça me rend curieuse.

— Je te l'ai déjà dit, on cherche un moyen d'extraire la puce d'un corps.

C'est donc réel. Il y a bien derrière cette porte en acier des personnes digitales, sur lesquelles on pratique je ne sais quelles expériences. J'en ai le souffle coupé.

— Ça va ? me demande Sacha.

Troublée, je me force à hocher la tête.

— Oh… je vois, fait Hugo.

Il s'approche de moi, me relève le menton et plante ses yeux verts dans les miens.

— Ne t'en fais pas pour ça, poursuit-il d'une voix calme, ce sont des digitaux en fin de vie. Ils sont pour la plupart dans le coma. Nous ne faisons qu'étudier leur activité cérébrale et leurs points de transfert. Ces vieilles personnes n'ont même plus de famille, tu sais.

— Oui… bien sûr, fais-je le plus calmement possible.

Je ne veux pas passer une fois de plus pour quelqu'un de faible, j'essaie donc de me convaincre que ça n'est pas si terrible. Ces gens-là sont condamnés de toute manière… Et puis, qu'est-ce que je croyais ? Je savais depuis le début ! Avant même que nous ne posions un pied sur l'île, j'avais compris : des infiltrés, un labo, cette détermination à se battre contre le digitalisme… ils ne nous ont jamais caché leur volonté d'extraire la puce d'un corps. Ça peut sembler paradoxal, mais, d'un seul coup, je me sens soulagée de constater que les recherches sont sérieuses, concrètes, réelles. Je ressens une nouvelle bouffée d'adrénaline, car je réalise que l'espoir se tient dans ces murs.

Sacha me prend la main et me lance un regard inquiet. Je ne sais pas de quoi j'ai l'air pendant que je réfléchis à toutes ces choses. Depuis que je suis instable, un truc étrange se produit régulièrement : il m'arrive d'oublier que je ne suis pas seule, que mes moindres expressions faciales sont exposées à un « public ». Je tâche de paraître normale de nouveau, me redresse, toussote ; j'essaie de me reprendre. Sacha hausse les sourcils, l'air de se demander si tout va bien, et je lui lance un regard entendu.

Je me force à répéter mentalement, comme pour m'en convaincre : « L'espoir est derrière cette porte, l'espoir est derrière cette porte. »

Mon regard s'attarde sur Sacha, et je réalise autre chose : il représente *mon* espoir. Sacha est mon espoir à moi, depuis le début. Et puis, ma vision s'élargit, et je me rends compte que, non, Sacha n'est pas *mon* espoir. C'est beaucoup plus que ça : il est l'espoir de *tous*.

Il est une *bombe à retardement*, pour reprendre les termes d'Hugo.

Il est une bombe pour les digitaux. C'est sur lui qu'il faut miser.

— Jade, est-ce que ça va ? insiste-t-il.

Je lâche enfin son regard pour m'avancer vers Hugo, mue par un élan incontrôlé. Voilà que ça me reprend ! Je constate que c'est exactement ça qui me pousse à agir : l'espoir. Je m'écrie :

— C'est une bombe digitale qu'on doit créer !

Ils me regardent encore tous les deux comme une folle ; il faut que je me calme.

— C'est Sacha que vous devez étudier, poursuis-je en baissant d'un ton. Et les autres néo qu'on a ici. Si on trouve ce qui a permis de créer ces programmes explosifs, on pourra s'en servir contre les digitaux.

— Jade… on ne peut étudier le système des néo que si l'on arrive à extraire leur puce, objecte Hugo. Ils ne sont plus connectés, donc nous n'avons pas accès aux informations digitales que contient leur programme. C'est pour cela que l'on se concentre sur l'extraction pour le moment.

— Mais il faudrait élargir les recherches ! Pourquoi ne pas tenter de créer *notre* propre programme explosif ? Qu'est-ce qu'on risque ? Sacha lui-même était programmateur, il connaît l'informatique quantique. Vos infiltrés ont certainement beaucoup de connaissances. On doit tout tenter, Hugo ! Un jour ou l'autre, quelqu'un finira par découvrir l'île. Le temps presse !

— Viens, me souffle Sacha en me tirant par le bras.

Il se tourne vers Hugo.

— Elle va se calmer. On t'attend ici, faites ce que vous avez à faire.

Hugo semble réfléchir un instant, et moi, je fusille Sacha du regard : si lui ne me soutient pas, sur qui puis-je compter ? Ce que je dis n'a pourtant rien d'idiot !

Je me retiens de brailler, car je ne veux pas qu'Hugo en vienne à utiliser l'instinct.

Et puis, une idée me frappe de plein fouet. Je m'empresse de dire, le plus calmement possible en dépit du fait que je me sens comme une pile électrique :

— Hugo, comment marche l'instinct ? La puce que l'on t'a implantée dans la paume peut décoder mon programme, c'est ça ?

— Oui, en quelque sorte.

— Et si, en plus de ça on y implantait une information, des données… serais-tu capable d'*agir* d'une quelconque manière sur mon programme digital ?

— Je… je ne sais pas… Où veux-tu en venir ?

— Imaginons que l'on parvienne à élaborer un programme explosif…

— N'imagine rien, me coupe-t-il. Nous respectons un protocole strict. Ils ne t'écouteront pas, de toute manière.

Je continue. Il faut qu'il entende ce que j'ai à dire. Et tant pis s'il utilise l'instinct sur moi.

— Nous pourrions transmettre notre programme à la manière de l'instinct, en améliorant ses propriétés et…

— Ne te mêle pas de ça. Ça n'est pas aussi simple…

La lourde porte derrière nous s'ouvre à la volée.

— C'est quoi, ce raffut ? crie Thaddé.

Tiens, lui aussi est de la partie. Ça ne devrait pas m'étonner ; après tout, ils étaient déjà en binôme, Hugo et lui, lors de notre enlèvement.

— Rien, répond Hugo en me lançant un regard entendu. Je suis prêt.

Sur ce, il disparaît derrière la porte en acier.

36.

Sacha et moi sommes maintenant seuls dans la salle d'attente vide, froide. Et silencieuse, à part un bourdonnement sourd et étouffé, ainsi que le cliquetis agaçant d'un néon épuisé. Je prends place sur une des chaises et lance un regard renfrogné à Sacha. Il me fixe, l'air embêté, comme s'il ne savait pas quoi dire. Alors, je parle à sa place.

— Tu n'as peut-être pas d'attaches sur le Continent, Sacha, mais, moi, j'ai mon père, Molly, Déva, mes grands-parents… Autant de personnes que je voudrais revoir un jour.

Je le défie du regard, et il baisse les yeux. Je ne comprends pas son attitude. Nous avons fui le Continent, il aurait pu se faire tuer, et maintenant que nous sommes libres, et que nous avons les moyens d'agir, il paraît se défiler. Je poursuis :

— Sacha, on doit se battre pour eux ! C'est notre devoir.

— Je sais, finit-il par lâcher. Mais Hugo l'a dit : tu n'as pas à te préoccuper de ça. Ils font déjà ce qu'il faut.

Je me mordille les lèvres, frustrée. Je *veux* me préoccuper de ça. J'ai *besoin* de me préoccuper de ça. Et je dois comprendre ce que Sacha a dans la tête, car j'ai peur que nous ne soyons pas sur la même longueur d'onde.

— Alors ? Tu n'as donc pas envie de revoir tes parents ? Tes amis ? Ta famille ?

Sacha relève la tête et il hésite avant de dire :

— Si j'avais une famille, j'y tiendrais. Mais ta sécurité m'importe plus pour le moment.

S'il avait une famille ?

— Tu as des parents, Sacha. J'ai vu leur projection !

— Ce ne sont pas mes parents, Jade. Mais peu importe.

Je le fixe sans comprendre.

— Lorsque j'étais enfant, reprend-il, j'ai surpris une de leurs conversations : ils se demandaient à quoi ressemblerait leur enfant biologique si on ne m'avait pas « trouvé ».

J'avale ma salive, et repense à l'image de leur projection. J'avais remarqué que ses parents n'avaient rien de commun avec Sacha, mais je n'avais pas songé à ça. Alors, Sacha a été… « trouvé » ?

— Et… tu leur en as parlé ? Tu leur as demandé ?

— Une fois, oui.

Je suis suspendue à ses lèvres.

— Ils ont nié en bloc. Mais je sais ce que j'ai entendu. Et tu as pu le constater par toi-même : je ne leur ressemble pas du tout. J'ai été trouvé, voilà ! Je ne saurai jamais qui sont mes vrais parents et ce qu'ils sont devenus. C'est comme ça.

Son ton s'est durci tout à coup, j'y perçois la colère et la frustration tapies au plus profond de lui depuis des années.

— Et cet homme en noir…, fais-je fébrilement, il a un rapport avec tout ça ?

— Oui. Il m'a effacé la mémoire. Mais je ne leur ai jamais dit que j'avais retrouvé mes souvenirs, à force de cauchemarder sur ce type.

— C'est… fou, cette histoire !

Je ne sais pas quoi dire d'autre.

— Ils nous volent nos vies, Jade !

Je suis bouleversée : il a l'air révolté. Il se tourne vers moi et pose ses mains sur mes épaules, comme pour capter mon attention.

— Ils nous volent nos souvenirs, en modifient d'autres, ils sont capables de tout contrôler : nos émotions, nos idées ! Et ils n'hésitent pas à nous tuer à la moindre résistance. Je ne veux plus avoir affaire à eux. Je ne veux pas que *tu* aies affaire à eux.

C'est la première fois que j'entends Sacha exprimer une haine profonde envers le Continent et les digitaux. Ça ne touche pas seulement son être, son âme, ça va au-delà, vers d'autres enjeux, plus grands. Alors… il devrait être de mon côté, et se rallier à ma cause ! Je ne comprends toujours pas.

— Ces gens qui t'ont élevé, dis-je, ils n'en sont pas responsables. Ils méritent d'avoir une chance, comme nous, comme tous les autres.

Il lâche mes épaules et son visage se radoucit. Il réfléchit un instant, puis répond d'un air réellement convaincu :

— Oui, c'est vrai.

Après un long silence, il ajoute :

— Et d'autres que toi s'en chargeront. Je ne veux pas que tu sois mêlée à cette révolte. Tu as pris tous les risques pour me sauver, c'est à moi maintenant de te protéger.

— Sauf que tout ça me concerne plus que vous tous ici ! Je suis la seule à posséder une puce digitale encore active. J'estime que je suis *déjà* en danger, plus que quiconque. Et pour cette raison, il faut que nous soyons impliqués.

— Tu n'as pas compris, Jade. Je veux bien être impliqué, mais toi, tu restes en dehors de tout ça.

Je m'apprête à protester, mais il ne m'en laisse pas le temps.

— Tu es une instable, Jade ! Ils ne te font pas confiance. Sinon, ils ne t'auraient pas flanqué un tuteur pour te surveiller jour et nuit. Si tu te mêles de ça, tu vas te les mettre à dos !

Je soupire : oui, je comprends. Mon silence paraît le soulager. Il me relève le menton, me sourit et s'accroche à mon regard, comme il sait si bien le faire. Il est irrésistible.

— Laisse-nous un peu de temps, Jade. S'il te plaît.

— J'ai juste besoin de savoir que tu es de mon côté, Sacha.

— Je t'interdis d'en douter ! dit-il sur le ton de la colère. Je te promets de m'impliquer, parce que tu le veux, et moi aussi. Je t'en fais la promesse. Mais toi, il faut que tu restes dans l'ombre.

Il conclut notre marché par un baiser, et je ne peux que m'incliner. C'est injuste, mais mon cœur bat si fort… Alors, tant pis.

37.

Le lendemain, lorsque j'arrive à la plantation, je sens des regards peser sur moi. Je hausse les épaules et je me mets à travailler. Hugo ne m'a pas reparlé de ce qu'il s'est passé hier, mais j'ai bien vu qu'il est ressorti du labo l'air soucieux. À cause de moi, ou des nouveaux cobayes ? Impossible à dire.

Le soleil tape déjà très fort et des mèches de cheveux me collent aux tempes. Je prends appui sur ma bêche une minute et souffle en essuyant la sueur de mon front.

— Viens par ici, ma grande, m'appelle Béa.

Je la suis volontiers vers un rocher qui se dresse au bord du cours d'eau et en profite pour y remplir ma gourde.

— Les rumeurs vont bon train, dit-elle en s'adossant contre la pierre. Il paraît que tu te mêles un peu trop de nos affaires.

Je la dévisage avec stupeur : comment peut-elle être au courant de ce qu'il s'est passé hier ? Alors… Hugo a-t-il tout de même essayé de défendre mes idées auprès des autres ? Cette perspective me fait sourire, puis je me renfrogne : était-ce vraiment ce qu'il y avait de mieux à faire, en fin de compte ? La nuit m'a un peu calmée ; je repense aux regards pesants de ce matin. Et voilà que Béa a l'air de me mettre en garde contre quelque chose. Je constate que Sacha a raison : on n'aime pas les intrus ici.

Je réponds, l'air de rien :

— Vraiment ?

— Théodore Fikks n'apprécie pas.

— Je n'ai fait que discuter avec Hugo. J'ai juste voulu aider.

— Oui, mais, vois-tu, ce vieux Théo se met martel en tête : un jour, tu veux *aider* à mener les opérations, et le lendemain, tu es prête à diriger l'île !

— C'est un peu exagéré, non ?

Je lâche un rire nerveux : tout ça prend des proportions ridicules !

— Non. Ça n'est pas si excessif que ça.

Béa a l'air si grave que je redeviens aussitôt sérieuse.

— Nous avons rarement des battants ici, comprends-le. Chacun mène sa petite existence, tranquillement, vivant d'amour et d'eau fraîche. Le combat n'est qu'un prétexte. En réalité, les gens ont peur du changement. Dès qu'on bouscule les habitudes, tout peut s'effondrer. Les habitants de l'île sont heureux comme ça. On se voile la face en faisant des recherches sur l'extraction, on parle de plans d'attaque, on envoie des infiltrés sur le Continent… Mais les choses n'ont jamais changé en soixante-quinze ans de ma longue vie. Tu saisis ?

Oui. Je saisis qu'encore une fois je ne suis pas à ma place. Partout où je vais, je ne suis pas sur la même longueur d'onde que les autres. Sur le Continent, je suis une déficiente en cavale ; ici, je ne suis qu'une instable qui cherche à briser une certaine routine. Que veut me dire Béa exactement ? Que je dois me tenir tranquille ? Que je dois renoncer à toute révolution et me résoudre à vivre jusqu'à la fin de mes jours sur cette petite île coupée de la réalité ? Je pense que oui. Il faut que je me le mette en tête : notre aventure se termine là, sur ce bout de terre perdu au milieu de l'océan. Nous n'aurons qu'à attendre que le monde change de lui-même. Après tout, comme disait Hugo, ils ont beau nous donner des leçons sur nos erreurs passées, leur projet est en train d'échouer de lui-même. À quoi bon dépenser inutilement son énergie ?

— Je saisis parfaitement, dis-je.

— Bien. Alors, ne lâche pas le morceau, répond Béa.

Sur le coup, je ne comprends pas ce qu'elle veut dire. Béa pose la main sur mon épaule et, les yeux brillants de je ne sais quelle émotion, me dit :

— Bats-toi ! Jusqu'au bout.

Je la dévisage, sidérée.

— Ce que tu as fait pour Sacha… c'est remarquable. Peu de gens auraient été capables d'accomplir une chose pareille ! Nous avons besoin de quelqu'un comme toi, ici. Alors, ne renonce jamais. Tu es notre seul espoir, ma fille.

— Mais…

Troublée par son regard, je ne sais pas quoi dire. Elle me fixe d'un air vif et semble vouloir ajouter quelque chose. Puis elle dit avec force :

— Un équilibre est toujours instable. *Nous* sommes l'équilibre. *Tu* es l'instable. Nous avons besoin de toi ; tu es notre espoir.

Cet ouvrage a été composé
PCA - 44400 REZÉ

Cet ouvrage a été imprimé
en Espagne par

Industria Grafica Cayfosa
(Impresa Iberica)

Dépôt légal : août 2015

FSC
www.fsc.org
MIXTE
Papier issu de sources responsables
FSC® C003309

Pocket Jeunesse, une marque d'Univers Poche,
est un éditeur qui s'engage pour
la préservation de son environnement
et qui utilise du papier fabriqué à partir
de bois provenant de forêts gérées
de manière responsable.

PKJ• www.pocketjeunesse.fr
POCKET JEUNESSE

12, avenue d'Italie - 75627 PARIS Cedex 13